FOME

DE DEUS

FOME

DE DEUS

**HERNANDES
DIAS LOPES**

© 2004 por Hernandes Dias Lopes

1ª edição: outubro de 2004
11ª reimpressão: maio de 2024

REVISÃO
João Guimarães

DIAGRAMAÇÃO
Atis Design Ltda

CAPA
Souto Crescimento de Marca

EDITOR
Aldo Menezes

COORDENADOR DE PRODUÇÃO
Mauro Terrengui

IMPRESSÃO E ACABAMENTO
Imprensa da Fé

As opiniões, as interpretações e os conceitos emitidos nesta obra são de responsabilidade do autor e não refletem necessariamente o ponto de vista da Hagnos.

Todos os direitos desta edição reservados à
EDITORA HAGNOS LTDA.
Rua Geraldo Flausino Gomes, 42, conj. 41
CEP 04575-060 — São Paulo, SP
Tel.: (11) 5990-3308

E-mail: hagnos@hagnos.com.br
Home page: www.hagnos.com.br

**Dados Internacionais de Catalogação na Publicação (CIP)
Câmara Brasileira do Livro, SP, Brasil**

Lopes, Hernandes Dias

Fome de Deus / Hernandes Dias Lopes. — São Paulo, SP: Hagnos 2004.

ISBN 85-89320-59-6

Bíbliografia

1. Deus 2. Fome - Aspectos religiosos 3. Palavra de Deus (Teologia). 4. Reavivamento (Religião) I. Título.

04-5510   CDD-211

Índices para catálogo sistemático:
1. Palavra de Deus; Cristianismo 211

Editora associada à:

Sumário

	Dedicatória	7
	Prefácio	9
	Introdução	13
01	Fome de pão na casa do pão	17
02	Andando com Deus em tempo de fome	35
03	Saciando os sedentos de Deus	53
04	Apetite pelo alimento do céu	73
	Conclusão	93

Dedicatória

Dedico este livro ao pastor de almas, pregador ungido, Rev. Antonio Elias. Avivalista consagrado, ele é um verdadeiro padrão dos fiéis, modelo de vida piedosa e cheia do Espírito. Homem de oração, humilde, amoroso e faminto de Deus, é incansável no seu projeto de glorificar o Senhor e contribuir para uma Igreja forte e plena do Espírito.

Prefácio

Desfrutar a amizade do Rev. Hernandes tem sido um rico privilégio para mim. Moramos no mesmo Estado, e nossas cidades são vizinhas, separadas apenas por uma ponte. Antes de conhecê-lo, já ouvia falar a seu respeito, e também tinha a satisfação de ler os seus livros.

Em 1996, fui ao seu gabinete pastoral, onde conversamos longamente. Convidei-o para prefaciar meu primeiro livro, o que prontamente aceitou. Quando ousei escrever, fui muitas vezes desmotivado até por pessoas que estavam sendo pagas para me ajudar. Enquanto alguns subestimavam aquela pequena obra, o Rev. Hernandes incentivava: "Vá em frente". Sem ter um profundo contato comigo, deu-me um voto de confiança, dizendo: "Ivonildo é um homem de Deus".

O resultado desse coração amigo, motivador e deveras simpático, fez com que meu primeiro livro chegasse a lugares distantes, abrindo portas para a expansão do trabalho do Reino e de meu singelo ministério, e isso, graças à vida honrosa, digna e santa desse valioso escritor.

Sou testemunha de perto, por conviver com ele, de que este livro é mais um retrato daquilo que emana do coração desse servo de Deus. Ele nos convoca a refletir sobre o tempo que estamos vivendo. Apesar de termos o Pão da Vida na hora que quisermos, parece que estão faltando pregadores, com o pão do céu para matar a fome desesperadora de tantos corações famintos.

Fome de Deus é algo real nos nossos dias. Deus deseja matar essa fome na vida dos homens, por intermédio de homens que se atrevam a dizer: "Ó Deus, a minha alma está sedenta e o meu coração anseia por ti como terra seca". Homens que chegam a assumir essa atitude são os candidatos preferidos por Deus para saciar a fome espiritual que assola a humanidade.

Conta-se um fato ocorrido com São Tomás de Aquino, no século 13. Ao visitar o papa Inocêncio 3º, foi recebido em uma suntuosa sala. O papa ocupado em contar grande soma de dinheiro, disse sorrindo: "Olha Tomás, a Igreja não precisa mais dizer "não temos prata nem ouro"!. Respondeu-lhe imediatamente, o ilustre visitante: "É verdade, mas também não pode dizer: 'Em nome de Jesus, o Nazareno, levanta e anda!'". O papa referia-se ao que considerava grande vitória da Igreja, a riqueza material; Tomás de Aquino, por sua vez, referia-se ao grande declínio espiritual da Igreja. A geração com quem convivemos é a mesma do coxo de Atos 3. São vidas que estão implorando por pão, estão pedindo pelo amor de Deus, que alguém traga pão, e pão quentinho, gostoso e de qualidade.

Nesta obra, o apaixonado evangelista e avivalista Rev. Hernandes nos mostra que a fome é real, e a única maneira para atingirmos a "fome zero" é voltarmo-nos para a Palavra, pregar a Palavra, o verdadeiro alimento, o pão do céu.

Com muito orgulho referendo esta obra, um pão quentinho que saiu do forno de um coração cheio do Senhor. O autor é um homem de Deus, simples, servo, santo e piedoso, que na linguagem de um amigo meu, "sempre tem café no bule", pois vive o que prega e prega o que vive.

Deguste esse "pão". Ele é bom, é gostoso, é nutritivo, é de Deus!

Rev. Ivonildo Teixeira
Pastor da Igreja do Nazareno
Praia de Itapoã, Vila Velha, ES
Primavera/2004

Introdução

A FOME É UMA EXPERIÊNCIA dolorosa. Ela produz inquietação, desespero, e até mesmo a morte. A fome é capaz de alimentar-se da própria morte. Há muitos anos, foi destaque na imprensa mundial, e até um filme produziram revivendo a tragédia, quando um avião caiu nas montanhas geladas dos Andes. Muitas pessoas morreram. Os que escaparam da morte, transidos pelo frio e castigados pela fome, alimentaram-se de carne humana para sobreviverem. Seus companheiros de viagem, tornaram-se alimento. Para fugirem da morte, sobreviveram com a carne da morte daquelas desventuradas vítimas.

Visitei a Coréia do Sul, em 1997. Ao mesmo tempo que vi a riqueza e a prosperidade daquele tigre asiático, emergido das cinzas e dos destroços da guerra e da opressão, presenciei também a miséria amarga em que se encontrava a Coréia do Norte. Dominada pela mão de ferro do ditador Kim Jong-Il, aquela nação está ainda imersa no mais profundo desespero econômico. Enquanto o governo vive encastelado na pompa mais regalada, o povo amarga uma pobreza aviltante. Retornando daquela viagem, li na *Folha de S.Paulo*, do dia 2 de maio de 1997, que as autoridades sanitárias da Coréia do Norte estavam tomando medidas drásticas para evitar que as pessoas castigadas pela fome comessem os seus próprios mortos.

Na época do profeta Eliseu, Samaria foi cercada pelos siros. Do lado de dentro dos muros de Samaria reinava o medo, a inquietação, e a fome. Do lado de fora, os exércitos inimigos estavam reunidos, prontos para atacar os que tentavam fugir. A cidade ficou sem abastecimento de pão. Nada entrava nem saía. Aos poucos, as despensas começaram a ficar vazias. Não se achava mais nada para se comprar. Tinham dinheiro, mas não tinham alimento. Tinham ouro e prata, mas não tinham pão. Os dias foram se passando, e a fome perversa castigava sem piedade velhos e crianças. A fraqueza começou a tomar conta dos velhos. As crianças de peito sugavam o sangue de suas mães porque não achavam mais leite. O desespero alastrou-se como epidemia por todas as casas. A fome estonteante fazia tombar os mais fortes. As crianças, com os olhos fundos, clamavam às suas mães, chorando por um pedaço de pão. Os pais se consumiam de tristeza ao ver os filhos chorarem de fome. Muitos sucumbiram. Outros, no apogeu da crise, começaram a comer carne humana para fugirem da morte (2 Rs 6.24-30).

A fome é pior do que a morte. Quando Jerusalém foi entrincheirada por Nabucodonosor, os judeus viveram também essa dramática realidade. Jeremias chegou a dizer que os que morreram à espada foram mais felizes do que aqueles que sucumbiram pela fome (Lm 4.9). A fome mata devagar, pouco a pouco. É uma tortura silenciosa. Ela suga as energias e lentamente retira o oxigênio do organismo vivo. A fome dói. A fome consome. A fome destrói.

Há fartura de pão no mundo, mas o descaso daqueles que têm pão em abundância por aqueles que sentem fome é tão grande que ainda vemos rostos desfigurados pela fome, crianças revirando os latões de lixo das nossas cidades, disputando com os urubus e cães doentes um pedaço de pão para mitigar a macabra fome. Enquanto uma minoria banqueteia-se regaladamente, ainda assistimos ao espetáculo doloroso de crianças e velhos com o ventre estufado, com o corpo macérrimo, com o couro furado pelas costelas em ponta, com os olhos sem brilho e o coração sem esperança, fuzilados pela dor de um estômago vazio.

Milhões de pessoas, é verdade, morrem todos os anos devido às doenças provocadas pela alimentação excessiva, mas, tristemente, também milhões de pessoas morrem no mundo todos os anos, vitimados pela fome. Outras vivem com o ventre empanturrado de farinha com água, mas desnutridas. Muitos têm o pão, mas o têm com escassez. Li acerca de uma grande família no sertão brasileiro que passou uma semana inteira alimentando-se apenas com um quilo de feijão. Todos os dias, eles cozinhavam o mesmo feijão, tomando apenas o seu caldo.

A fome é uma realidade universal. Ela tem castigado as pessoas desde o começo e é uma das marcas do fim dos tempos. Belém de Judá também estava enfrentando um tempo de fome (Rt 1.1-3). A terra que manava leite e mel estava agora assolada. O solo ubérrimo se tornara seco e estéril. Os campos férteis não apresentavam nenhum sinal de vida. A fome alastrava-se, deixando um rastro de pânico. A crise econômica era conseqüência da crise espiritual. Aquele era o tempo dos juízes, um longo período de mais de trezentos anos de muita instabilidade e inconstância do povo de Israel. O povo só se voltava para Deus na hora do aperto, mas esquecia-se Dele nos tempos de bonança. Na verdade, aquele foi um tempo em que a nação havia se desviado de Deus. Cada um seguia o seu próprio coração. A Palavra de Deus era desprezada e rara. A apostasia tomou conta do povo e este virou as costas para o Senhor. A seca, a invasão do inimigo e a fome vieram, então, como juízo de Deus sobre a nação rebelde.

Quando o povo se afasta de Deus, os céus retêm as chuvas e a fome assola a terra. Quando a Igreja perde o fervor espiritual, ela perde a capacidade de alimentar as multidões com o pão espiritual. Quando falta pão na Igreja, o mundo entra em colapso. Este fato pode ser constatado no livro de Rute.

Capítulo 01

FOME DE PÃO NA CASA DO PÃO

NA SEGUNDA GUERRA MUNDIAL, houve muitas atrocidades. Homens perversos, embrutecidos e dominados por uma malignidade monstruosa, sacrificaram milhões de vidas, fazendo-as perecer nas câmaras de gás, nos paredões de fuzilamento, nos campos de concentração e castigando-as com trabalhos forçados e escassez de pão.

Terminada a guerra, um grupo de crianças órfãs foi levado para um orfanato. Inquietas, elas não conseguiam dormir. Ao serem analisadas por um psicólogo, este percebeu que a inquietação das crianças era a insegurança e o temor de lhes faltar o pão. O medo da fome lhes tirava o sono. O psicólogo orientou que cada criança antes de dormir recebesse um pedaço de pão não, para comer, mas para segurar. Assim, as crianças se aquietaram e conseguiram dormir seguras e sossegadas. A fome traz inquietação. A certeza de que teriam pão no dia seguinte curou a inquietação que lhes afugentava o sono.

A fome nos motiva a buscar pão onde tem pão. Um homem rico e megalomaníaco realizava uma festa todos os anos e convidava o povo para participar. Um dos atrativos da festa era o *pau de sebo*. No topo de um mastro untado de sebo (substância graxa e firme, retirada das vísceras de determinados animais), colocava-se uma caixa contendo dinheiro e comida. O alto poste ficava escorregadio e liso, mas a ambição pela gorda recompensa motivava centenas de jovens à aventura. Dezenas deles se arriscavam a subir, e quando chegavam ao meio do poste, deslizavam e caíam no chão, para o alarido da multidão e diversão do dono da festa.

Quando todos já estavam desanimados, pensando que o alvo fosse inatingível, resolveram chamar um conhecido alpinista, acostumado a grandes desafios. Quando ele chegou, o povo o aplaudiu, e todos acreditaram que ele alcançaria o topo do mastro e colocaria a mão no polpudo maço de dinheiro e na caixa de alimentos. O atleta veterano olhou o poste besuntado de sebo, olhou a recompensa no topo do poste, e encorajado pelo grito da multidão, começou a sua aventura. Enquanto avançava para as alturas, o povo em coro gritava: "sobe, sobe, sobe..." porém, quando ele atingiu uns dez metros, não resistiu, escorregou e foi ao chão. A multidão o incentivou novamente, e ele, concentrando-se melhor partiu para a sua segunda aventura. Na escalada, conseguiu subir uns quinze metros, mas escorregou e foi ao chão novamente. Desta vez, sentiu-se humilhado. Todo mundo que cai sente-se humilhado.

Refletindo, o alpinista disse para o povo: "É impossível alguém subir neste poste escorregadio. A única solução é pedir ao dono da festa que diminua o tamanho do poste. Essa brincadeira é uma ofensa para todos nós". Enquanto arrazoava com o povo, chegou um garoto franzino, descalço, descamisado. Com os olhos cheios de brilho, olhou para o alvo e viu a caixa de alimento e o maço de dinheiro. Sem titubear, abraçou o poste e começou a subir. O povo incrédulo começou a gritar: "Desce, desce, você não vai conseguir. Ninguém consegue.

Nós vamos pedir para encurtar o poste". Mas, quanto mais a multidão o desencorajava, mais ele subia. Seus olhos estavam fixos no alvo, e vencendo as dificuldades, aproximava-se cada vez mais da recompensa. Para espanto de todos, o menino alcançou o topo e pegou o maço de dinheiro, pegou a caixa de alimentos, desceu e saiu correndo para casa.

O alpinista, aturdido com o feito extraordinário, foi atrás do menino. Ele morava em uma favela. Ao chegar à casa do garoto, a família estava festejando a façanha. O atleta, então, querendo saber o segredo do menino, perguntou ao seu pai: "Qual é a técnica que ele usa? Será o ângulo do seu joelho? A maneira como ele usa os braços? A inclinação do pescoço? Qual é o segredo dele avançar rumo ao alvo, mesmo quando a multidão gritava para ele descer?" O pai, então, respondeu: "Dois são os segredos que levaram o meu filho ao topo do mastro: primeiro, foi a fome. Ele estava com fome. Essa é a nossa primeira refeição do dia". Então, o alpinista indagou: "Mas, como ele resistiu àquela pressão popular para desistir?". O pai disse: "É que ele é surdo!".

No dia que a nossa fome de Deus for maior do que a fome por comida, por dinheiro, por fama e reconhecimento, então poderemos experimentar as maravilhas de nosso Criador. Mas precisamos também tapar os ouvidos ao clamor pessimista daqueles que nos dizem que não vamos conseguir, que a crise vai nos vencer, e que jamais Ele nos dará pão com fartura.

QUANDO FALTA PÃO NA CASA DO PÃO, AS PESSOAS SE DESESPERAM

O livro de Rute é uma história de amor que ensina ricas lições espirituais.[1] Tommy Tenney, em seu livro Os Caçadores

---

[1] Gary N. Larson. *The New Unger's Bible Hand-Book*. Chicago, Illinois. Moody Press. 1984: p. 140.

de Deus, faz uma profunda e pertinente exposição do primeiro capítulo de Rute. Ele escreve sobre a fome que castigou Belém e suas implicações para a Igreja contemporânea. Houve fome na pequenina cidade. Belém (Beit, casa) (Lechem, pão) significa "casa do pão". Mas houve um dia que faltou pão na casa do pão. Houve um tempo em que o nome da cidade era apenas uma propaganda enganosa, uma promessa vazia, uma negação da sua realidade. Houve um dia em que os fornos de Belém ficaram frios e cobertos de cinza, e as prateleiras ficaram vazias. A terra tórrida gemia sob o calor inclemente e o sol escaldante. A chuva dadivosa e benfazeja foi retida e o céu fechou as suas comportas. A semente perecia sem vida no ventre da terra. Nos pastos, o gado mugia desassossegado pela fome. Nos currais, não havia ovelhas. Nos campos, outrora cheios de fartura, não havia frutos. Nas casas, não havia pão e o povo começou a passar fome.

Onde há fome, há inquietação. Onde a fome chega, reina o desespero. A fome é implacável. Ela abate sem piedade as suas vítimas. A casa do pão ficou vazia de pão. As pessoas chegavam de todos os lados à procura de pão, mas voltavam de mãos vazias. Suas esperanças eram frustradas. Belém tornou-se um lugar de inquietação e angústia e não de satisfação e plenitude.

BELÉM, UM RETRATO DA IGREJA

A casa do pão, vazia de pão, é um retrato da Igreja contemporânea. A Igreja também é a casa do pão. As pessoas estão famintas. Elas têm necessidades não do pão que perece, mas do Pão da Vida. O próprio Deus é quem coloca essa fome em nós: "Eis que vêm dias, diz o Senhor Deus, em que enviarei fome sobre a terra, não de pão, nem sede de água, mas de ouvir a Palavra do Senhor" (Am 8.11). Muitas pessoas buscam saciar sua fome espiritual na Igreja, mas não encontram nela o Pão da Vida. Muitas pessoas buscam Deus na Igreja, mas não O encontram na Igreja. Encontram sim, muito do homem, mas pouco de Deus. Encontram muito ritual e pouco pão espiritual. Encontram muito da terra e pouco do céu.

A Igreja atual está também substituindo o pão do céu por outro alimento. Está pregando o que povo quer ouvir e não o que o povo precisa ouvir. Prega para agradar e não para alimentar. Dá palha em vez de trigo ao povo (Jr 23.28). Prega sobre saúde e prosperidade e não sobre a cruz de Cristo. Prega os direitos do homem e não a soberania de Deus. Prega sobre o que Deus pode fazer para o homem e não sobre o que Deus requer do homem. Prega sobre acumular tesouros na terra e não acerca de um lar no céu. Prega sobre libertação e não sobre arrependimento e conversão. Prega outro evangelho e não o evangelho da graça. Prega o antropocentrismo e não o teocentrismo. Não ensina que o fim principal do homem é glorificar a Deus, mas que o fim principal de Deus é agradar e exaltar o homem.

Há igrejas, também, que têm comercializado e mercadejado o evangelho, além de adulterá-lo. Fazem da igreja uma empresa, do púlpito um balcão, do templo um mercado, do evangelho um produto e dos crentes consumidores. Vendem a graça de Deus por dinheiro. Fazem do evangelho um instrumento de lucro. Muitos confundem os fins com os meios. Evangelizam para arrecadar dinheiro em vez de usar o dinheiro para evangelizar. O fim último parece ser o enriquecimento da Igreja e não a salvação do pecador. Na ânsia do ter mais do que na busca do ser, muitas igrejas evangélicas estão desengavetando as indulgências da Idade Média, dando-lhes novas roupagens, mercadejando a graça de Deus e induzindo o povo incauto ao misticismo mais tosco.

Mas, também, há igrejas que estão dando veneno em vez de pão ao povo. Estão pregando doutrinas de homens e não a Palavra de Deus. Estão conduzindo o povo através de sonhos, visões e revelações em vez de anunciar-lhe a santa Palavra de Deus. Estão dando um caldo venenoso ao povo de Deus em vez de alimentá-lo com o pão do céu. Há morte na panela e não alimento saudável. Há muitas heresias entrando sorrateiramente no arraial evangélico, travestidas de doutrinas bíblicas. As multidões são atraídas, o entusiasmo do povo cresce, mas o povo está se alimentando de palha em vez de pão.

Hoje, muitas pessoas estão famintas de outras coisas e não famintas de Deus. Estão atrás das bênçãos de Deus e não do Deus das bênçãos. Querem as bênçãos e não O abençoador. Querem as dádivas e não O doador. Querem agradar a si mesmas, e não a Deus. Querem a promoção pessoal, e não a glória de Deus. Buscam saúde e prosperidade, e não santidade. Correm atrás de sucesso, e não de piedade. Têm fome de mamom, e não de maná.

Outros buscam conhecer a respeito de Deus, mas não conhecem a Deus. São ortodoxos de cabeça, mas hereges de conduta. São zelosos da doutrina, mas relaxados com a vida. São defensores da verdade, mas estão secos como um deserto e duros como uma pedra. Buscam conhecimento, mas não têm piedade. Têm fome de livro, mas não têm fome de Deus. Têm luz na mente, mas não sentem fogo no coração. Têm a cabeça cheia de conhecimento, mas o coração está vazio de devoção. O resultado é que temos igrejas cheias de pessoas vazias de Deus e igrejas vazias de pessoas cheias de Deus. Essas pessoas têm fome de muita coisa, mas não do Deus vivo!

Oh! estamos precisando de uma geração que tenha fome de Deus. Pior do que a fome é a inapetência, a falta de apetite. Falta de apetite é doença e a doença mata mais rápido do que a fome. O salmista disse: "A minha alma tem sede do Deus vivo" (Sl 42.2). Os filhos de Coré diziam: "O meu coração e a minha carne exultam pelo Deus vivo" (Sl 84.2). O povo de Deus anda sem apetite espiritual. As coisas de Deus parecem não empolgar mais os filhos de Deus. Eles olham para as coisas de Deus e dizem: que canseira (Ml 1.13)! Eles não têm alegria na Palavra. Eles não tremem diante da Palavra. Eles não têm pressa para orar. As reuniões de oração estão morrendo nas igrejas. O povo tem tempo para reuniões de planejamento, mas não tem tempo para orar. O povo acha tempo para o lazer, mas não para buscar a face do Senhor. É que falta fome de Deus. É que a nossa alma não está impregnada de Deus nem apegada a Ele. Cantamos que Deus é o amado da nossa alma, mas não conversamos com Ele, não ouvimos a Sua voz nem nos alegramos Nele. Cantamos porque gostamos de cantar. Celebramos porque isso faz bem a nós mesmos, mas não o fazemos para alegrar o coração de Deus nem para nos alegrarmos Nele. Cultuamos a nós mesmos, em vez de cultuar a Deus.

A fome de Deus é o primeiro passo para um reavivamento espiritual. As pessoas vêm à igreja, mas não há nelas expectativas de encontrar a Deus. Elas se acostumam com o sagrado. Elas lidam tanto com os assuntos espirituais que perdem a sensibilidade com o sublime. Elas gostam de estar na Casa de Deus, mas não encontram Deus lá. Elas amam a Casa de Deus, mas não conhecem na intimidade o Deus da Casa de Deus.

Ter fome de Deus é considerar as vantagens do mundo como lixo por causa da sublimidade do conhecimento de Cristo. Ter fome de Deus é não se contentar com o farelo, com a palha seca, com o pão embolorado. Você tem fome de Deus, meu amigo e irmão? Você tem ansiado por Deus mais do que os guardas pelo romper da manhã? Você tem clamado como Moisés: "Oh, Senhor eu quero ver a tua glória" (Êx 33.18)! Você tem clamado como Eliseu: "Peço que me toque por herança porção dobrada do teu espírito" (2 Rs 2.9) ou será que estamos satisfeitos com a nossa vida como estava a igreja de Laodicéia (Ap 3.17)?

Oh! a maior necessidade da Igreja não é de bens materiais, é de Deus. Não é dos dons de Deus, é de Deus. Não é das bênçãos de Deus, é de Deus. A nossa mais urgente necessidade é da glória de Deus, da manifestação do Senhor Todo-Poderoso em nosso meio. Precisamos desesperadamente do pão do céu!

QUANDO FALTA PÃO NA CASA DO PÃO, AS PESSOAS DEIXAM A CASA DO PÃO

A fome modifica o comportamento das pessoas. Ela move e remove as pessoas do seu lugar. Os irmãos de José desceram ao Egito para comprar pão. Os quatro leprosos de Israel arriscaram suas vidas para procurar pão no acampamento do inimigo.

Quando a fome chegou a Belém, Elimeleque, Noemi, Malon e Quiliom abandonaram a pequenina cidade. Eles colocaram o pé na estrada da fuga em vez de escolher o caminho do enfrentamento. Eles saíram movidos pela visão humana e não guiados pela fé. Igual a Ló, buscaram segurança e não a vontade de Deus. Buscaram novos horizontes e não a direção do céu.

A solução não é fugir da crise, mas enfrentá-la e vencê-la. Isaque foi tentado a fugir da crise, da seca, da fome e buscar um caminho mais fácil. Mas Deus lhe deu uma ordem: "Não desça ao Egito" (Gn 26.2). Isaque semeou no deserto e viu o deserto florescer. Ele viu o vale árido transformar-se em um campo engrinaldado de flores e em um campo de abundantes frutos. A crise é uma encruzilhada que eleva uns e abate outros. A crise revela quem somos e em quem confiamos. Isaque confiou em Deus e prosperou no deserto.

Ele obedeceu a Deus e colheu no deserto a cem por um. Elimeleque, contudo, não agiu da mesma maneira. Em vez de buscar a Deus para resolver o problema, ele fugiu das circunstâncias adversas. Em vez de clamar aos céus por restauração, ele e sua família fugiram da casa do pão para as terras de Moabe.

Muitas pessoas deixam a Igreja quando falta pão na casa do pão. Muitas pessoas vão procurar alimento em seitas heréticas, onde só tem veneno mortífero. Outras vão rebuscar os farelos do próprio mundo como fez Demas que amou o presente século e abandonou a fé (2 Tm 4.10). A solução não é abandonar a casa do pão, quando falta pão. O verdadeiro pão só pode vir do céu. Ele não é produzido pelo esforço humano. Ele é dádiva divina. A solução não é fugir à procura de outro pão, mas rogar ao Senhor que nos dê novamente o pão do céu.

Os tempos de restauração nascem da consciência de crise. É quando sentimos nossa falência espiritual que nos prostramos aos pés do Senhor, clamando por restauração. É quando os nossos celeiros estão vazios que somos desafiados a clamar por pão. É quando há sinais de fome em nossas entranhas que clamamos como o filho pródigo: "... quantos trabalhadores de meu pai têm pão com fartura, e eu aqui morro de fome" (Lc 15.17)! A crise, longe de nos levar para as terras de Moabe e para as campinas do Jordão ou mesmo para as planícies do Egito, deveria nos levar para os joelhos e para uma busca sem trégua de restauração.

Erlo Stegen, em 1966, pregava entre os zulus, na África do Sul. Montava a sua tenda, e o povo vinha ouvi-lo. Certo dia, enquanto pregava acerca do poder de Jesus, uma mulher com semblante abatido e cansado aproximou-se dele. Após a mensagem, ela o abordou: "O Senhor está dizendo que o seu Deus tem todo o poder?" Ele respondeu: "Sim, é exatamente o que estou pregando." Ela, então, lhe disse: "Eu estou precisando do seu Deus. Minha filha está horrivelmente endemoninhada. Ela está amarrada num tronco dentro de casa, sangrando. Vamos até lá para que a minha filha seja liberta." Naquele momento, Erlo Stegen sentiu um calafrio na espinha. Pensou: e se essa moça não for liberta, o que será do meu ministério? Como continuarei pregando para esse povo? Como ficará a reputação do evangelho entre os zulus?

Com esses pensamentos fervilhando em sua cabeça, foi até à casa da mulher. Ao chegar, viu um quadro horrível. A moça estava amarrada num tronco com arame, sangrando como um animal ferido. Em vão o pastor tentou expulsar aquela casta de demônios da moça. Convocou os outros obreiros, mas nada aconteceu. Levaram-na para uma fazenda e por alguns dias oraram, mas ela ficou ainda mais enfurecida. Ao trazerem-na de volta, Erlo Stegen pensou em desistir do ministério entre os zulus e abandonar o campo missionário. Nesse momento, o Espírito de Deus mostrou-lhe que sua necessidade não era abandonar o ministério nem parar de pregar, mas buscar poder do alto.

A partir daquele dia, eles começaram a buscar a Deus com quebrantamento e fervor. Começaram estudando o livro de Atos e pedindo que Deus fizesse de novo as maravilhas que tinha operado no passado. Nos últimos três meses, eles se reuniam três vezes por dia, e a única coisa que conseguiam fazer era chorar pelos seus pecados. Deus trouxe sobre eles um profundo quebrantamento. Ao final, o Espírito de Deus foi derramado poderosamente sobre eles e imediatamente, às dezenas, as pessoas chegavam de todos os lados, confessando seus pecados e buscando a misericórdia de Deus. A moça possessa foi liberta e maravilhas divinas se multiplicaram naquela região. Tive o privilégio de visitar esse lugar, a Missão Kwa Sizabantu, onde aconteceu esse extraordinário avivamento. Ali foi construído um templo para 15 mil pessoas, com cultos diários, e caravanas de vários lugares do mundo ainda visitam aquela missão para ouvir e ver as maravilhas que Deus operou no meio do seu povo.

UMA TRISTE CONSTATAÇÃO

Uma pergunta surge em todo o mundo: por que as pessoas deixam a Igreja ou não são atraídas a ela? A resposta é muito simples: porque não há pão! O pão era um símbolo da presença de Deus. Havia o pão da proposição, ou seja, o pão da presença (Nm 4.7). O pão indica a presença de Deus. Nada satisfaz as pessoas de forma plena senão Deus. O próprio Deus colocou a eternidade no coração do homem. Podemos ter templos suntuosos, pregadores eruditos, música de qualidade absoluta, louvor sem igual, mas só Deus satisfaz a nossa alma.

As pessoas estão procurando desesperadamente algum lugar onde encontrar pão, onde saciar sua fome, onde satisfazer suas profundas necessidades. As pessoas estão lotando os bares e se embriagando porque estão vazias, sedentas e famintas. Elas vão para os clubes, ao som de músicas estridentes e dançam até o amanhecer porque estão com uma grande fome. As pessoas enchem suas veias de drogas porque estão com um imenso vazio no coração. Elas buscam os centros espíritas e os terreiros de umbanda e candomblé porque têm um buraco na alma, a fome de Deus. Elas usam cristais no pescoço, buscando entrar em contato com o mundo invisível, porque estão famintas e insatisfeitas. Elas se atropelam em filas nos seminários de auto-ajuda, engolindo irrefletidamente toda a palha que lhes está sendo dada, porque estão ávidas de pão. As multidões estão confusas, dispersas e inquietas como ovelhas sem pastor. Como o pai aflito que rogou aos discípulos de Jesus para libertarem o seu filho possesso, mas saiu desencantado pela falta de poder deles, temos visto também uma Igreja que tem conhecimento, mas não tem poder. E há outras que trombeteiam poder, mas não têm nem conhecimento, nem poder. As multidões não estão encontrando pão na casa do pão.

Oh! isso deveria envergonhar a Igreja. Milhões de pessoas estão procurando pão onde só há veneno, porque há escassez de pão na casa do pão. É triste constatar que muitas vezes as pessoas carentes, aflitas e famintas procuram a Igreja, mas não encontram nada na despensa, nada além de prateleiras vazias, gavetas cheias de receita de pão, fornos frios e empoeirados.[2] No máximo, escutam lindas histórias de como havia pão com fartura no passado.

Estamos celebrando como Israel as vitórias do passado. Cantamos com ardor o que Deus fez ontem. Mas quando olhamos para o presente, nossa vida está seca como o deserto do Neguebe. É bom relembrar as vitórias do passado, mas não podemos morar no passado. Não vivemos apenas de lembranças. Não basta saber que ontem tínhamos pão com fartura. Estamos precisando de pão hoje. Precisamos experimentar a intervenção de Deus todos os dias. As vitórias de ontem não são garantias de vitórias hoje.

Temos anunciado que há pão em nossa Belém. Mas quando as pessoas vêm até nós, elas não são alimentadas. Quando as pessoas famintas procuram o pão, tudo o que fazemos é contar para elas os grandes feitos que Deus realizou no passado. Falamos sobre o que Ele fez, onde Ele esteve, mas não o que Ele está fazendo hoje em nós e através de nós. Temos uma memória afiada para relembrar as maravilhas do ontem. Mas, podemos dizer pouco sobre o que Deus está fazendo em nossas vidas. As pessoas vêm às nossas igrejas, mas elas não vêem a

---

[2] Tommy Tenney. *Os Caçadores de Deus*. Belo Horizonte, Minas Gerais. Editorial Dynamus. 2000: p. 34

Deus na sua glória entre nós. Dizemos a elas: "Deus está aqui", mas elas não O vêem. Confundimos a onipresença de Deus com a Sua presença manifesta. É impossível Deus se manifestar e as pessoas não O notarem. Quando Deus Se manifesta em Sua glória, ficamos iguais a Jacó: "Quão temível é este lugar! É a Casa de Deus, a porta dos céus" (Gn 28.17).

As pessoas têm vindo à Casa do Pão com freqüência, mas voltam com fome. Quando falamos para elas que temos pão com fartura, elas não acreditam, pois vêem até mesmo muitos crentes passar fome. Quando anunciamos a elas que o pão que temos satisfaz eternamente, elas ficam confusas porque olham para os crentes e eles estão insatisfeitos, confusos e inseguros. Quando elas vêm à igreja buscar o pão que lhes prometemos, elas chegam à conclusão que fizemos uma propaganda enganosa. Muitas vezes, falamos que está fluindo sobre nós um rio de vida, mas o que as pessoas vêem é um rio de palavras vazias. Temos palavra, mas não temos vida. Temos doutrina, mas não temos poder. Temos ortodoxia, mas não temos unção. Temos receita de pão, mas não temos pão.

QUANDO FALTA PÃO NA CASA DO PÃO, AS PESSOAS BUSCAM ALTERNATIVAS PERIGOSAS

Elimeleque e sua família, ao enfrentarem a crise da fome, fugiram para Moabe. Quando Belém, a casa do pão, ficou vazia, aquela família se viu obrigada a procurar pão em outro lugar. O dilema é que Moabe não era um lugar seguro para aquela família, ao contrário, era um lugar de sofrimento, doença, pobreza e morte. As alternativas do mundo podem nos jogar na cova da morte. O nome Elimeleque significa "o Senhor é o meu rei" e Noemi significa "feliz". Embora seus nomes revelassem confiança, eles fraquejaram na hora da crise, buscando um atalho perigoso.

Quando a crise chega, quando há falta de pão na casa do pão, a solução não é abandonar a Igreja, buscar novos rumos, novas teologias, novas experiências e novos modismos. Nessas horas, o que a Igreja precisa é se humilhar diante de Deus. O que ela precisa é buscar o Pão Vivo do céu, Jesus.

Elimeleque e seus filhos Malom e Quiliom morreram em Moabe. Eles perderam a vida buscando a sobrevivência. Eles encontraram a morte em vez de segurança. Eles encontraram a sepultura em vez de um lar. Eles, no afã de evitarem a fome em Belém, encontraram a morte em Moabe. Onde eles pensaram que preservariam a vida, eles a perderam.

A segurança de Moabe é falsa. A fartura de Moabe é enganosa. Moabe significou para Noemi doença, pobreza e viuvez. Moabe significou para Noemi a perda dos seus dois filhos. Moabe é um símbolo do mundo e sua aparente segurança. Moabe furtará os seus filhos e os sepultará antes do tempo. Moabe separará você do seu cônjuge. Moabe tirará a sua alegria e encherá o seu coração de amargura. O preço cobrado em Moabe é muito alto: lá, as pessoas pagam com seus casamentos, seus filhos e suas próprias vidas.[3] Na verdade, Noemi partiu cheia de esperança e voltou pobre, vazia, amargurada e ferida (Rt 1.20-21).

QUANDO VOLTA A TER PÃO NA CASA DO PÃO, AS PESSOAS CORREM PARA A CASA DO PÃO

Há um rumor que chega até Moabe: "Então, se dispôs ela com as suas noras e voltou da terra de Moabe, porquanto,

---

[3] Ibidem, p. 36

nesta, ouviu que o Senhor se lembrara do seu povo, dando-lhe pão" (Rt 1.6). Noemi volta porque ouviu falar que havia pão em Belém. Há um murmúrio que percorre as nossas cidades, ruas e becos, é o murmúrio dos famintos. Se somente um deles ouvisse um boato de que o Pão está de volta à Casa do Pão, a notícia logo se espalharia com grande intensidade e as multidões seriam atraídas irresistivelmente para a Casa do Pão. Os famintos viriam e constatariam que a propaganda não é enganosa. Elas diriam: não é uma farsa. É verdade. Realmente existe pão com fartura. Podemos, agora, matar a nossa fome. Deus está na Igreja. A glória de Deus resplandece na Igreja. O Pão do Céu é oferecido gratuitamente na Igreja!

Oh! como necessitamos do Pão do Céu em Belém! Oh! como necessitamos da gloriosa presença de Deus em nossas igrejas. Tão logo as pessoas souberem que a presença de Deus enche a Igreja, elas virão de todos os lados. Tudo o que precisamos é a presença de Deus, é a glória de Deus sobre nós, é pão com fartura para os famintos.

A história dos avivamentos nos mostra essa gloriosa verdade. Quando Deus visita o seu povo, as multidões são atraídas para a Igreja. Os corações se rendem a Jesus e a Igreja se levanta no poder do Espírito Santo para alimentar os famintos com o Pão do céu. Não precisamos nos contentar com migalhas. Não precisamos viver de farelos. Não precisamos nos alimentar com o que cai da mesa. O Senhor nos oferece um banquete, fornadas de pão quente preparados nos fornos do céu. Deus tem pão com fartura para os famintos (Lc 15.17-18). Deus tem torrentes do Espírito para nós (Is 44.3), rios de água viva (Jo 7.37-38) e uma vida cheia de poder (At 1.8).

QUANDO HÁ PÃO NA CASA DO PÃO, AS PESSOAS NOS ACOMPANHARÃO À CASA DO PÃO

Rute acompanhou Noemi a Belém (Rt 1.16-19,22). Assim como Rute, uma gentia, acompanhou Noemi à Casa do Pão, também as multidões famintas nos acompanharão à Casa de Deus quando souberem que Ele nos visitou com abundância de pão. As pessoas virão à Igreja quando provarem o pão da presença de Deus.

Rute encontrou pão em Belém. Ela saiu de Moabe, lugar de morte, e encontrou a vida e um futuro glorioso em Belém. Ela tornou-se avó de Davi. Davi é um símbolo do Rei messiânico. Davi nasceu em Belém, a casa do pão. Mas Rute também foi um membro da genealogia de Jesus. Jesus também nasceu em Belém. Ele é o Pão da Vida (Jo 6.35,48). O Pão da Vida nasceu na Casa do Pão. Agora temos o Pão do Céu na Casa do Pão. A todos os que têm fome, Ele diz: "Este é o pão que desce do céu, para que todo o que dele comer não pereça. Eu sou o pão vivo que desceu do céu; se alguém dele comer, viverá eternamente" (Jo 6.50-51).

Quando tem pão na Casa do Pão, os pródigos voltam à Igreja. Noemi voltou para Belém. A Igreja ficará cheia quando as pessoas souberem que lá encontrarão pão com fartura. Quando Deus visita o seu povo com Pão na Casa do Pão, os cultos tornam-se cheios de vida. Há sincera e abundante adoração. As músicas tornam-se cheias de alegria, as orações cheias de fervor e os crentes cheios do Espírito.

Que a fome de Deus seja o sinal distintivo da nossa vida. Que a nossa fome de Deus seja maior do que a nossa fome pelas bênçãos de Deus. Um pastor na Etiópia estava pregando quando homens do governo comunista o interromperam, dizendo: "Estamos aqui para acabar com esta igreja". Depois de severas ameaças, agarraram a filha do pastor de três anos de idade e a arremessaram pela janela do templo, à vista de todos os fiéis. Os comunistas pensaram que esta violência acabaria com a igreja, mas a esposa do pastor desceu, colocou sua filhinha morta nos braços, e retornou ao seu lugar na primeira fila, e a adoração continuou. Como conseqüência da fidelidade deste humilde pastor, 400 mil crentes fiéis destemidamente compareceram a suas conferências bíblicas na Etiópia.

Um pastor americano, encontrando-se com este pastor, disse-lhe: "Irmão, nós temos orado por vocês, por causa da sua pobreza". Este humilde homem voltou-se para o pastor americano e disse: "Não, você não compreende. Nós é que temos orado por vocês, por causa de sua prosperidade."[4] Que a nossa fome de Deus seja maior do que a nossa fome por prosperidade e conforto!

OS PRÓDIGOS NÃO VOLTARÃO SOZINHOS À CASA DO PÃO

Rute voltou com Noemi. Noemi voltou e trouxe Rute consigo. De modo semelhante, quando a Igreja é restaurada, não somente os que saíram voltam, mas trazem consigo outras pessoas. Quando o Espírito de Deus é derramado, os descendentes de Jacó brotam como os salgueiros junto à corrente das águas (Is 44.4). Precisamos fazer como os quatro leprosos de Samaria ao encontrarem pão: "Não fazemos bem; este dia é dia de boas novas, e nós nos calamos" (2 Rs 7.9). Precisamos sair pelas ruas da cidade, pelas praças e becos dizendo que tem pão na casa do pão.

[4] Ibidem, p. 46

Fome de pão na casa do pão

Se Deus realmente se manifestar com poder na Igreja, o rumor dos famintos se espalhará no campo e na cidade. Antes de podermos abrir as portas, os famintos já estarão na fila esperando por pão. E quando os pródigos voltarem, não voltarão sozinhos, os gentios que habitavam em Moabe voltarão com eles.

Capítulo 02

ANDANDO COM DEUS EM TEMPO DE FOME

A NAÇÃO DE ISRAEL CAMINHAVA a passos largos e resolutos em direção ao caos. O Reino do Norte estava mergulhado no mais profundo obscurantismo espiritual. O pecado campeava solto, do palácio à choupana. A verdade era ultrajada nos templos religiosos e nas ruas. O poder político estava totalmente nas mãos de homens inescrupulosos. Grupos criminosos haviam tomado de assalto o poder. Os tentáculos da corrupção se faziam presentes em todos os segmentos da sociedade. Os legisladores destilavam o seu veneno em leis opressoras. O poder judiciário estava a serviço dos poderosos, vendendo sentenças por dinheiro, e oprimindo os fracos. A religião, mancomunada com o Estado, havia se apartado da verdade e se capitulado à idolatria vil, arrastando o povo para as práticas mais degradantes. Os 19 reis que governaram num período de 205 anos foram todos ímpios. As oito dinastias foram uma sucessão de ambição, idolatria, traições e assassinatos.

O rei Acabe começa a reinar depois de seis monarcas fracassados, e durante 22 anos oprimiu o povo, ganhando o apelido de ser o pior rei de Israel. Se não bastasse ser o pior rei,

Acabe casou-se com Jezabel, uma das mulheres mais cruéis do mundo: ela era autoritária, idólatra e assassina. O rei tornou-se um boneco nas mãos dessa terrível mulher. Jezabel inundou a terra com o sangue dos profetas de Deus e cobriu a terra com a mais repugnante idolatria. Foi ela quem implantou o culto a Baal em Israel, um ídolo pagão, chamado de deus da fertilidade.

Nesse cenário de perversão, idolatria e apostasia, é que surge Elias com uma mensagem urgente de Deus. Num tempo em que a fome varreu a terra, Elias foi alimentado por Deus. Num tempo em que a idolatria substituiu o pão do céu por um pão vil, Elias alimentou-se do mais excelente cardápio do céu. Num tempo em que as pessoas perderam o apetite por Deus, Elias abasteceu-se em Deus, a fonte inesgotável do pão da vida. Charles R. Swindoll escreveu uma mais das preciosas biografias sobre Elias. Essa obra é uma preciosa referência no estudo desse gigante de Deus. Vejamos a sua trajetória.

NA CORTE REAL — DEBAIXO DOS HOLOFOTES

A origem de Elias era um golpe no orgulho dos poderosos. Ele sai de Tisbé, um lugar obscuro e desconhecido (1 Rs 17.1). Ele vem de paragens inexpressivas, de um recanto distante. Ele é um ilustre desconhecido, sem títulos, sem diplomas, sem referências e sem projeção social. Ele não é um figurão. Na verdade, Deus não precisa de estrelas para fazer a sua obra.

O próprio nome de Elias era uma resposta divina à apostasia da nação. Para o povo que estava seguindo a Baal, Elias significa "Jeová é o meu Deus". Ele se apresenta na corte, no palácio de Acabe, para dizer que Baal não era Deus, que ele não se dobra diante de um ídolo inútil, mas que o Deus vivo, criador e soberano do universo é o seu Deus.

Fome de Deus

A mensagem de Elias tinha um tom de gravidade e urgência. Sua mensagem é curta, direta e bombástica. Ele diz que não haveria chuva nos próximos três anos em Israel, e que a fome reinaria sobre a terra. Ele desafia o poder de Baal. Ele põe em dúvida a credibilidade daquele ídolo abominável, chamado o deus da fertilidade. Elias aparece para provar que Baal era um ídolo impotente para trazer chuva sobre a terra e dar prosperidade ao povo. A mensagem do profeta é um golpe mortal na idolatria.

A vida de Elias referendava o seu ministério. Ele se apresenta como um homem que vive na presença de Deus, mesmo sendo semelhante a nós (1 Rs 17.1; Tg 5.17). Ele teve medo, sentiu solidão, ficou deprimido e pediu para morrer. Mas, na sua jornada, Elias aprendeu o segredo de andar com Deus e viver na presença Dele (1 Rs 17.1; 18.15). Elias conhecia a intimidade de Deus. Ele ora e os céus fecham as suas comportas. Ele torna a orar e os céus se derramam em abundantes chuvas (Tg 1.17-18). Elias abria e fechava a porta do céu com a chave da fé e andava com a chave no bolso. Elias ora e o azeite da viúva se multiplica na panela, ele ora e a morte bate em retirada. Ele ora e o fogo do céu cai. Elias não apenas falava com Deus, ele também escutava e obedecia a Deus. Não apenas sua boca estava a serviço de Deus, mas também seus ouvidos e seu coração. Deus falava, e ele obedecia. O Senhor o mandava ir, e ele ia. Ele o mandava ficar, e ele ficava. Deus o mandava se esconder, e ele se escondia. Deus o mandava se apresentar, e ele se apresentava (1 Rs 17.3,5; 17.9,10; 18.1,2). A maior necessidade hoje é de homens que conheçam a intimidade de Deus, homens que tenham fome de Deus. Muitos falam sobre Deus, mas não têm intimidade com Ele. Muitos conhecem a respeito de Deus, mas não O conhecem.

NO RIBEIRO DE QUERITE – ESCONDIDO DA MULTIDÃO

O mesmo Deus que envia Elias ao palácio, agora o ordena a retirar-se e esconder-se (1 Rs 17.1-3). Deus tira o seu profeta do palco, das luzes da ribalta, debaixo dos holofotes e envia-o para um lugar ermo, no esconderijo da solidão, para conviver apenas com os corvos. O ribeiro de Querite era um lugar de refúgio e treinamento. Deus queria proteger Elias da fúria do rei Acabe e treiná-lo para uma grande obra. Deus trabalha por nós, em nós e através de nós. Para prevalecer em público, é preciso ser treinado em secreto. Em Querite, Elias devia aprender a depender somente de Deus. Sua provisão era um milagre contínuo de Deus. Os garçons voadores de Deus, os corvos, traziam para Elias, duas vezes por dia, pão e carne, enquanto ele bebia da fonte. Em tempos de seca e fome, Elias experimentava a providência milagrosa de Deus. Do céu vinha o seu sustento (1 Rs 17.4-6). Em Querite, Elias viveu entre o natural e o sobrenatural.[5]

Elias aprendeu a estar a sós com Deus, antes de apresentar-se aos homens. Ele prevaleceu com Deus antes de prevalecer com os homens. Ele matriculou-se na escola da obediência, antes de confrontar os homens e desafiá-los a se voltarem para Deus. As ordens de Deus são acatadas por Elias sem questionamentos. Ele não discute com Deus. Ele confia em Deus e sabe que Deus está no controle de todas as coisas. A sua agenda é a agenda de Deus. A sua prioridade é estar no centro da vontade de Deus. Andar com Deus e obedecer a Deus precedem o realizar a obra de Deus. Somente homens obedientes podem realizar grandes coisas para Deus. A solidão de Querite, portanto, não é fracasso, mas treinamento.

---

[5] Caio Fábio. *Elias está nas ruas*. Belo Horizonte, Minas Gerais. Editora Betânia. 1990: p. 29-30.

Não é fuga, mas refúgio. Não é sinal de derrota, mas a escola superior do Espírito de Deus, onde somos treinados para obras mais elevadas.

Mas Querite secou (1 Rs 17.7). E agora, o que fazer? É fácil confiar em Deus quando a água do ribeiro está jorrando. É fácil crer em Deus quando vemos milagres se multiplicando ao nosso redor. Mas, como continuar confiando quando a nossa fonte seca? Como continuar crendo em Deus, quando a crise nos encurrala por todos os lados? Como descansar na providência divina quando a dor fuzila o nosso peito, quando a enfermidade nocauteia o nosso corpo, quando o casamento é sacudido por um terremoto, quando as finanças entram em colapso, quando as amigos mais íntimos nos decepcionam? O que fazer nessas horas? A primeira coisa que precisamos compreender é que as nossas crises não apanham Deus de surpresa. Mesmo quando perdemos o controle da situação, Ele continua no controle. Nas horas em que a nossa fonte seca, precisamos compreender que Deus está vivo e bem, e Ele sabe o que está fazendo.[6] Precisamos colocar a nossa confiança no provedor e não na provisão. O nosso ribeiro pode secar, mas o nosso Deus jamais falhará.

A solidão de Querite não é o lugar de chegada, mas apenas um estágio da jornada. É apenas um tempo de treinamento, um lugar de aprendizado. O mesmo Deus que dá a fonte, faz a fonte secar. A fonte seca é apenas um estágio mais avançado do treinamento de Deus, é mais um degrau na escalada da maturidade cristã. A fonte seca faz parte do currículo de Deus em nosso aprendizado. Ela exerce um papel importante na pedagogia de Deus em nossa preparação para os grandes desafios da vida.

---

[6] Charles R. Swindoll. Elias, *Um Homem de Heroísmo e Humildade*. São Paulo, São Paulo. Editora Mundo Cristão. 2001: p. 48.

EM SAREPTA — NA FORNALHA DE DEUS

Deus está burilando a sua jóia. Elias está sendo refinado por Deus. A palavra "Sarepta" significa fundir ou refinar. Sarepta quer dizer cadinho.[7] Primeiro, Deus levou Elias a Querite para ele se desacostumar dos holofotes. Querite é o lugar onde aprendemos a ficar livres das glórias deste mundo. Agora, Deus aumenta o fogo da fornalha para derretê-lo e moldá-lo. A fornalha apenas consome as impurezas enquanto purifica o ouro.

Elias é arrancado de uma fonte seca e jogado numa fornalha acesa. Deus não dá folga, Ele não alivia nas provas. Elias precisa ser passado no moinho de Deus. Antes de ser usado poderosamente por Deus, ele precisa ser moído. Deus só usa homens quebrantados. A fornalha de Deus só queima as amarras que nos prendem, ela não nos destrói, mas nos purifica.

Quando a nossa fonte seca e quando a fornalha é aquecida sete vezes mais, precisamos entender que Deus sabe o que está fazendo. Deus sabe onde Elias está (1 Rs 17.8). Foi Deus quem enviou Elias a Querite. Ele sabe que a fonte secou. Ele está no controle de todas as coisas. Aprendemos com esse episódio algumas lições.[8] Primeiro, Deus sabe onde Elias está e o que está acontecendo com Elias. Meu amigo, não pense que Deus esqueceu-se de você porque a sua fonte secou. Não se desespere, pensando que Deus abandonou você no meio do treinamento. Ele não abandona nunca!

Segundo, Deus sabe também para onde Elias deve ir (1 Rs 17.9). Deus o envia a Sarepta, a 150 quilômetros de Querite. Elias tinha de cruzar o território de Israel. Nesse tempo, ele era o homem mais procurado em sua terra, vivo ou morto.

---

[7] Ibidem, p. 62.
[8] Ibidem, p. 64-65.

Para subir mais um degrau no treinamento de Deus, ele precisa confiar inteiramente em Deus.

Terceiro, Deus sabe a provisão que Elias terá (1 Rs 17.9). Antes de colocar Elias no topo da fama, Deus o leva ao mais profundo estágio da humilhação. Elias já tinha sido sustentado milagrosamente pelos corvos na fonte de Querite, agora seria sustentado por uma viúva gentia, pobre, faminta, à beira da morte. Ele não iria ao estrangeiro para sustentar uma viúva pobre, mas para ser sustentado por ela. Quando Elias chegou a Sarepta, fugindo da sede, encontrou a carranca da fome. Escapando da morte pela sede, encontrou o risco de morrer de fome.

Quarto, Deus nunca nos falta com a sua provisão quando estamos no centro da sua vontade (1 Rs 17.16). Quando estamos no lugar que Deus mandou, no tempo de Deus, fazendo a vontade de Deus, nunca teremos falta da provisão de Deus. No monte do Senhor, Ele proverá (Gn 22.14). Nossa obediência precede a provisão. Por intermédio de Elias, Deus multiplicou o azeite na botija, e a farinha na panela da viúva, e aquela mulher conheceu Deus na cozinha e a fome bateu em retirada daquela casa (1 Rs 17.13-16).

Experimentei essa provisão milagrosa de Deus no período que fiz meu doutorado nos Estados Unidos, nos anos de 2000-2001. A igreja que pastoreio desde 1985, a Primeira Igreja Presbiteriana de Vitória, generosamente me deu 2.300 dólares por mês para custear meus estudos. Saí de Vitória para estudar no Reformed Theological Seminary de Jackson, Mississipi, com a expectativa de receber uma bolsa. Mas isso foi impossível. Levei minhas economias. Tive que equipar uma casa para morar com minha família e comprar um carro usado. Em razão de despesas que precisava deduzir do valor que recebia da igreja, tinha ao meu dispor apenas 1.700 dólares por mês. Em virtude de toda a família estar estudando, e do reduzido tempo que dispunha para aprender inglês e fazer o curso de doutorado em ministério, precisei lançar-me totalmente aos estudos. Minhas despesas nunca foram inferiores a três mil dólares por mês. Impossibilitado de trabalhar no seminário, descobri que em cinco meses minhas economias haviam se esgotado, quando o carro quebrou e precisei gastar 1.300 dólares com o conserto. A essa altura, já estava com um mês de aluguel atrasado, e as mensalidades do seminário vencendo. Conversei com minha esposa, e chegamos à conclusão de que não poderíamos onerar mais a nossa querida igreja no Brasil. Então, ajoelhamo-nos e clamamos a Deus por sua provisão.

Dias depois, chegou um convite para eu pregar num retiro espiritual num belo acampamento em Pine Brook, no Estado da Pennsylvania. No último dia do acampamento, o pastor que dirigia a liturgia, sem saber o que estava acontecendo comigo, disse para os irmãos: "O pastor Hernandes está fazendo o seu doutorado em Jackson. Como todo estudante, ele deve ter necessidades. Se vocês desejarem abençoar esse irmão, façam o que o Espírito de Deus lhes orientar." Naquele dia, recebi 5.500 dólares de oferta. Quando estava saindo para o aeroporto, um pastor se aproximou de mim e disse: "Recebi a orientação de Deus para enviar para você trezentos dólares por mês até seu retorno para o Brasil". Meses depois, recebi um convite para falar num retiro de casais em New Hampshire. Ao final do meu último sermão, um presbítero colocou um bilhete dentro de minha Bíblia, dizendo: "Não sei porque, mas Deus está me orientando a ofertar a você seiscentos dólares por mês até você concluir o seu curso." No final daquele encontro, os casais me chamaram e me deram 2.500 dólares de oferta. Numa noite gelada de inverno, fui pregar em New York. Uma senhora que trabalha como faxineira, viajou 95 quilômetros debaixo de neve para ir ao meu encontro. Ela me disse: "Deus me incomodou hoje à noite para vir lhe trazer essa oferta" e colocou no meu bolso quinhentos dólares.

Durante os 17 meses que passei em Jackson, realizei 21 viagens pregando em dez Estados dos Estados Unidos, e em algumas cidades do Canadá. Deus supriu todas as minhas necessidades, e o mesmo valor de minhas economias que levei para os Estados Unidos, Ele me devolveu. Realmente, Ele é a fonte da nossa provisão!

Mas, o fato de experimentarmos os milagres da providência divina não significa que tudo na vida será um mar de rosas. Antes dos milagres de Deus acontecerem, as coisas tendem a piorar, e muito. A viúva de Sarepta não era apenas pobre, mas agora estava de luto pela morte de seu filho único. Seu filho morreu e ela coloca a culpa em Elias (1 Rs 17:18). Elias fica em silêncio. Ele não se defende, respeita a dor daquela mãe. Ele apenas pede que ela coloque em seus braços o menino morto. Ele pede que ela transfira a sua dor para os seus braços. Elias pega o menino morto e o leva para o seu quarto. A sós com Deus, ele desabafa. Ali, ele abre o coração (1 Rs 17.19-20). Elias tem um lugar secreto de oração. Aquele quarto era seu salão nobre de audiência com Deus. Elias identificou-se com o menino morto (1 Rs 17.21). Ele vê o invisível e crê no impossível (1 Rs 17.22) e Deus realiza o inédito e estupendo milagre da ressurreição do menino. Em Sarepta, Elias aprendeu a orar pelo impossível. O profeta devolve o menino para a sua mãe sem chamar a atenção para si, mas a viúva lhe diz: "Nisto conheço agora que tu és homem de Deus e que a palavra de Deus na tua boca é verdade" (1 Rs 17.24). Homens famintos de Deus experimentam não apenas a provisão de Deus, mas vêem os milagres extraordinários de Deus acontecendo por suas próprias mãos.

NO CARMELO — NA BATALHA COM OS DEUSES

Depois do treinamento, é tempo de ação. Elias é enviado de volta ao rei Acabe, após os três anos e meio de seca (1 Rs 18.1).

No começo, Deus lhe ordenou que se escondesse; agora, Deus lhe ordena que se mostre. Há tempo de se retirar e tempo de se revelar. Chegara a hora de Elias entrar no palco. Um dos maiores dramas da história de Israel estava para desenrolar-se. Foi para este combate que Deus havia preparado o seu profeta na escola da solidão em Querite e o purificado na fornalha em Sarepta.

Nessa batalha com os deuses, Elias confrontou o rei Acabe, chamando-o de perturbador de Israel (1 Rs 18.18); confrontou o povo, chamando-o de inconstante e indeciso (1 Rs 18.21) e confrontou os profetas de Baal, escarnecendo de suas crenças vãs (1 Rs 18.19, 27).

Elias foi um profeta que ousou denunciar o pecado da nação. Ele trovejou sua voz contra o rei, acusando-o de promover a idolatria. Ele confrontou aqueles que estavam em cima do muro, coxeando entre dois pensamentos. Para Elias, obediência dividida é tão errado quanto idolatria declarada. Ele confrontou as fortalezas do inferno no seu próprio território. Elias não se contentou em apenas provar que Baal era um ídolo fraco e falso, ele removeu Baal do caminho de Israel (1 Rs 18.40). No caminho das torrentes de Deus havia um obstáculo: Baal. Esse monstruoso ídolo se colocara entre a terra e o céu, entre as chuvas e a seca, entre as bênçãos do Senhor e a necessidade do povo. Não adianta dar um nome diferente a Baal nem mudá-lo de lugar. Não adianta colocar-lhe uma roupagem nova ou mesmo escondê-lo. Baal precisa ser destruído. Hoje, mobilizamos tudo: oramos, fazemos jejuns, vigílias, lemos a Bíblia e mil coisas mais e mesmo assim, as torrentes do céu não vêm. As chuvas ficam só em ruído. É que existe um Baal impedindo as chuvas. O Baal é um ídolo que ocupa o lugar de Deus. É um pecado que desvia a nossa atenção de Deus. Se queremos ver as chuvas do céu, precisamos retirar Baal do nosso caminho.

Apreciamos muito os grandes homens do passado, os nossos missionários, os mártires, os avivalistas. Escrevemos suas biografias, reverenciamos seus feitos, compomos elogios e erguemos memoriais para eles. Fazemos qualquer coisa, menos imitá-los. Elias não foi um profeta de conveniência. Ele não negociou sua consciência. Não fez do seu ministério um balcão de negócio, nem procurou agradar a homens ou fazer do seu ministério uma plataforma de relações públicas. Ele não buscou os favores do rei nem se conformou com a idolatria que arruinava a nação. Ele atacou o pecado na vida do rei e na vida do povo, denunciou o pecado na política e na religião. Elias não era pluralista nem ecumênico. Para ele, a verdade era absoluta. Era impossível servir a Deus e a Baal ao mesmo tempo (1 Rs 18.21). Se o cristianismo é um mito, devemos abandoná-lo. Se a Bíblia não é a verdade, devemos queimá-la. Se Jesus Cristo não é o salvador, devemos rejeitá-lo; mas, se Ele é o salvador, o senhor, o rei da glória, a nossa única esperança, voltemo-nos para Ele de todo o coração. Nessa batalha dos deuses, não há campo neutro. Ninguém pode ficar em cima do muro. Ninguém pode servir a dois senhores. Só há dois caminhos, um estreito e outro largo. Um leva ao céu e o outro ao inferno.

Antes de Deus se manifestar com poder, é preciso restaurar o altar do Senhor que está em ruínas (1 Rs 18.30). Elias restaura o altar da adoração, da oração e da comunhão. O povo havia abandonado o culto verdadeiro ao Deus verdadeiro e se prostrado diante dos ídolos. As tribos de Israel estavam divididas. O pecado sempre divide e separa as pessoas. Então, Elias apanhou 12 pedras, significando as 12 tribos, e com elas restaurou o altar do Senhor. A união dos irmãos é algo belo aos olhos de Deus. Onde há união entre os irmãos, há orvalho do céu e óleo do Espírito sobre o povo. Onde há união entre os irmãos, ali ordena o Senhor a sua vida e sua bênção para sempre (Sl 133.1-3). Elias fez o povo achegar-se a ele, restaurou o altar, armou a lenha, dividiu o novilho em pedaços e orou ao Senhor e o fogo de Deus desceu. O fogo só vem quando tudo está pronto no altar.

Quando o fogo do céu cai sobre o altar, o povo cai de joelhos diante de Deus (1 Rs 18.38-39). Elias acreditava na intervenção sobrenatural de Deus. Na sua agenda, havia espaço para os milagres de Deus. A verdade não apenas trazia luz à sua mente, mas também fogo ao seu coração. O seu Deus não era apenas o Deus dos antigos, mas, sobretudo, o Deus imutável que opera maravilhas, em resposta às orações daqueles que crêem no Seu nome.

O ministério de Elias foi timbrado pela manifestação do poder de Deus. Ele não só falava, mas também experimentava o poder de Deus. Ele viu os corvos cumprindo as ordens de Deus, viu o trigo e o azeite transformando-se em fontes inesgotáveis na panela de uma viúva. Ele viu a morte recuando diante do poder da ressurreição. Ele, agora, clama pelo fogo do céu. Elias não tem medo de desafiar os apóstatas em nome de Deus. Propõe para o povo uma disputa dos deuses. Acende as luzes do palco e diz: "... o deus que responder por fogo esse é que é Deus" (1 Rs 18.24). Elias não apenas pede fogo do céu, mas encharca o altar de água. Ele não quer truques, não lida com embustes. Onde Deus se manifesta não existe necessidade de camuflagem, Deus é luz, é a verdade. Quando o fogo de Deus caiu, consumiu o holocausto, lambeu a água e derreteu o coração do povo, que se colocou de joelhos, gritando: "... O senhor é Deus! O Senhor é Deus!" (1 Rs 18.38). Precisamos, de igual modo, ser uma Igreja da palavra, mas também uma Igreja do poder (Mt 22.29). Precisamos pregar aos ouvidos e também aos olhos. O Evangelho é poder. O Reino de Deus é poder. O Espírito Santo nos foi dado para nos conceder poder. Não há cristianismo sem poder. Quando o fogo de Deus cai sobre o povo, o povo fica ajoelhado diante do Senhor.

Em uma cidade do interior, uma pequena igreja sobrevivia com dificuldades. Os crentes não exerciam nenhuma influência sobre a comunidade: os cultos eram desanimados e os crentes apáticos. Havia até mesmo um ateu que morava ao lado da igreja e nunca fora atraído para entrar nela. Uma noite, literalmente, o templo da igreja pegou fogo. Os vizinhos acordaram assustados. Labaredas imensas subiam cheias de fúria e o lugar foi invadido por intensa fumaceira. No meio daquele fogaréu, todos se uniram e se apressaram para apagar o fogo. No meio do grupo que trabalhava, também estava o ateu. A zeladora da igreja, ao vê-lo jogando baldes d'água para aplacar a fúria das chamas, exclamou assustada: "Mas, o senhor aqui?! É a primeira vez que o vejo em nossa igreja". O ateu respondeu: "Mas, também é a primeira vez que esta igreja pega fogo". Se queremos ver as pessoas buscando a igreja, se queremos ver os corações sendo atraídos ao Senhor, é preciso que a igreja pegue fogo, o fogo do Espírito!

Elias quer mais da manifestação de Deus. Por isso, sobe ao cume do Carmelo para orar. Elias já tinha escalado uma boa parte do monte, mas quando desafiou o céu para que chovesse, ele subiu ao cume do Carmelo (1 Rs 18.42). As chuvas desceram porque Elias subiu. Se queremos restauração, precisamos subir à presença de Deus.

Aquele que se projeta diante dos homens, humilha-se diante de Deus. Ele chegou ao topo do monte e encurvou-se para a terra e colocou o rosto entre os joelhos em humilde, perseverante e vitoriosa oração (1 Rs 18.41-46). Elias trava a sua maior batalha não contra o diabo nem contra os homens, mas com Deus. É contra Deus que ele luta em oração. Não há chuva do céu sem oração, não há derramamento do Espírito sem que os santos de Deus se coloquem de joelhos. Os gigantes de Deus se humilham com o rosto em terra para buscar o Deus que está no céu. As torrentes do céu descem quando os servos de Deus se colocam de joelhos. Elias vê o invisível, ouve o inaudível e crê no impossível. Ele não depende das circunstâncias, mas anda pela fé. A nuvem do tamanho da palma de uma mão é a prova incontestável de que a chuva torrencial do céu vai cair. Deus é o avalista da sua própria Palavra. O que Ele promete, Ele cumpre. Quando o homem trabalha, o homem trabalha, mas quando o homem ora, Deus trabalha. Elias bombardeou o céu com suas orações e a chuva torrencial desceu, trazendo vida e restauração para a nação (Tg 5.17-18).

NO DESERTO – NA CAVERNA DA DEPRESSÃO

Cuidado com os efeitos de uma grande vitória. Depois da retumbante vitória do Carmelo, quando Elias prevaleceu diante dos homens e de Deus, ele fragilizou-se, temeu e fugiu. O diabo é um ardiloso estrategista. Ele tem métodos variados e nunca desiste de nos atacar. O apóstolo Paulo exorta-nos: "Portanto, tomai toda a armadura de Deus, para que possais resistir no dia mau e, depois de terdes vencido tudo, permanecer inabaláveis" (Ef 6.13). Depois da vitória, corremos o risco de baixar a guarda, tornando-nos vulneráveis. As vitórias de ontem não são garantias de sucesso hoje.

Cuidado com as garras da depressão. Elias, o gigante de Deus, que passara por provas tão intensas, que tivera tão extraordinárias experiências com Deus, agora está deprimido e pedindo para morrer (1 Rs 19.4). Sua mente está confusa, seus pensamentos estão perturbados. Por um momento, ele se esquece de que é Deus quem está no controle do universo. Por esta causa teme a ameaça de Jezabel (1 Rs 19.2-3).

Elias dá mais um passo na direção da depressão quando se afasta do seu moço (1 Rs 19.3). A solidão é um terreno escorregadio para aqueles que estão deprimidos. Pessoas necessitam de Deus, mas, também, pessoas precisam de pessoas. Mais do que nunca, as pessoas deprimidas precisam de relacionamentos encorajadores.

A depressão de Elias é causada também pelo seu esgotamento físico-emocional (1 Rs 19.4-5). O tratamento de Elias é à base da sonoterapia e da boa alimentação. Uma boa noite de sono e uma boa refeição têm efeitos terapêuticos.

Elias se rende à depressão, porque está intoxicado pelo veneno da autopiedade (19.4,9). Elias, o homem que confronta o rei, que desafia o povo e escarnece dos profetas de Baal, agora está deprimido; Elias, o gigante de Deus na oração, está enfiado numa caverna, cheio de melindres. Deus trata dele, dando-lhe a oportunidade de se desabafar. Revela-lhe que ele não está sozinho, nem havia chegado ao fim do seu ministério. Uma pessoa deprimida não consegue enxergar o futuro. Tudo que vê à sua frente é um nevoeiro escuro, um horizonte embaçado e cinzento.

NO JORDÃO — NO GLORIOSO ARREBATAMENTO

Elias vai do anonimato à glória mais esplêndida. Na corte do rei Acabe, ele foi a boca de Deus. Em Querite, foi quebrantado por Deus. Em Sarepta, foi lapidado por Deus. No Carmelo, foi usado por Deus. Na caverna, foi restaurado por Deus. Mas no Jordão, foi arrebatado por Deus. Antes de passar pelo Jordão, ele passou por Gilgal, o lugar da salvação (2 Rs 2.1). Depois, passou por Betel, o lugar da oração (2 Rs 2.2) e também por Jericó, o lugar da batalha (2 Rs 2.4). Finalmente, chegou ao Jordão, o lugar do arrebatamento e da vitória triunfal (2 Rs 2.6-11).

Elias torna-se, assim, uma das principais figuras do Antigo Testamento. Ele é um símbolo de João Batista, o precursor do Messias, e também um símbolo do próprio Jesus. João Batista veio na força e no espírito de Elias. Quando Jesus perguntou: "Quem diz o povo ser o Filho do Homem?" E eles responderam: "Uns dizem: João Batista; outros, Elias; e outros: Jeremias ou algum dos profetas" (Mt 16.13-14). Quando Jesus apareceu em glória no monte da Transfiguração, Elias apareceu em glória com Moisés para falar com Ele sobre sua partida para Jerusalém (Mt 17.3). Elias foi arrebatado ao céu sem experimentar a morte, como um símbolo de todos os santos que estiverem vivos na segunda vinda de Jesus Cristo (1 Ts 4.17).

O arrebatamento de Elias é um prenúncio de glória para a Igreja de Cristo. Um dia também, todos nós que cremos em Cristo, seremos arrebatados para encontrar o Senhor nos ares (1 Co 15.51-52). Aqueles que dormiram em Cristo, ressuscitarão com um corpo imortal, glorioso, poderoso e celestial (1 Co 15.42-49). Os que estiverem vivos serão transformados e arrebatados para encontrar o Senhor nos ares e assim estaremos para sempre com o Senhor (1 Ts 4.13-18).

Depois que Elias foi arrebatado ao céu, Eliseu que recebeu porção dobrada do seu espírito, ao ter de cruzar as águas do Jordão, perguntou: "Onde está o Senhor Deus de Elias?" (2 Rs 2.14). Eliseu precisava cruzar o rio Jordão. Será que Deus faria os mesmos milagres? Será que suas obras portentosas eram apenas matéria de estudo? Deus irromperia novamente com feitos extraordinários? Sim! Deus abriu o Jordão diante de Eliseu. O Deus de Elias não era apenas o Deus do passado. Ele jamais mudou. Podemos, afirmar, também, que o Deus de Elias está em nós, está entre nós. Ele opera maravilhas ainda hoje. Para Ele, não há impossíveis. Não servimos a um deus morto, mas ao Deus vivo, que tem todo poder no céu e na terra.

Mas, a grande questão hoje é: Onde estão os Elias de Deus? Onde estão aqueles que têm fome de Deus e andam na presença de Deus nesta geração que caminha célere para a apostasia? Onde estão aqueles que ousam crer no Deus que operou maravilhas e ainda faz coisas maravilhosas? Estão os Elias de Deus entre nós. Somos nós os Elias de Deus?

Capítulo 3

SACIANDO OS SEDENTOS DE DEUS

Era a Festa dos Tabernáculos, a mais festiva e alegre festa dos judeus. Ela encerrava o ciclo das festividades anuais. Essa festa possuía três sentidos básicos: O histórico, o agrícola e o profético. O sentido histórico destacava o fato de que durante sete dias as pessoas abandonavam suas casas para viver em cabanas. Lembravam os 40 anos de peregrinação no deserto (Lv 23.40-43). O sentido agrícola revelava o festival de agradecimento pelas colheitas. Era a mais popular das festas judaicas. Os judeus a chamavam "a estação da nossa alegria". Josefo a chamou "a festa mais santa e a maior de todas as festas dos judeus". O sentido profético enfatizava que essa festa apontava para as bênçãos da era messiânica.

O povo judeu, em clima de profusa alegria, saía de suas casas e rumava para Jerusalém, habitando em tendas, para celebrar as formidáveis colheitas. A Festa dos Tabernáculos era uma celebração entusiasmada que mobilizava toda a nação. Era um acontecimento marcante que enchia a cidade de vibrantes músicas de alegria e gratidão.

Nessa festa, havia uma cerimônia marcante. Os sacerdotes, durante sete dias, faziam uma procissão do tanque de Siloé ao templo, carregando um jarro com água, sob o som de trombetas e grande júbilo do povo, derramando essa água sobre o altar. Nessa jornada, a esperança do povo era reavivada com uma profecia messiânica: "Vós, com alegria, tirareis água das fontes da salvação" (Is 12.3).

O último dia da festa era o apogeu da cerimônia. A procissão era repetida sete vezes. Os olhos do povo estavam alevantados para contemplar a gloriosa promessa de que um dia o Messias, o salvador do mundo, viria e traria para os sedentos a água da vida, a salvação eterna. Havia uma grande expectativa latejando na alma do povo. Havia uma fome de Deus em suas entranhas. Eles gemiam sob o peso cruel de seus pecados, bem como sob o jugo opressor de Roma. Eles eram escravos política e espiritualmente. Viviam sob a canga do pecado e sob o jugo da opressão política. A vinda do Messias lhes traria libertação final e completa. A luz raiaria no horizonte. A cada celebração da festa dos tabernáculos, portanto, o povo era alimentado com a promessa do Messias. Essa profecia os mantinham vivos e cheios de expectativa.

No auge da festa, quando a multidão estava com o coração voltado para o cumprimento da promessa, Jesus levantou-se e exclamou: "Se alguém tem sede, venha a mim e beba. Quem crer em mim, como diz a Escritura, do seu interior fluirão rios de água viva" (Jo 7.37-38). Jesus abre as cortinas da História e diz que tudo quanto os profetas disseram sobre o Messias estava acabando de se cumprir ali bem diante dos seus olhos. Jesus se apresenta publicamente como o Salvador do mundo, como a Rocha da qual brota a água da vida. Ele se apresenta como o manancial das águas vivas, a própria água viva, como o único que pode preencher o vazio existencial do homem. Jesus se apresenta como a encarnação das suas esperanças, a resposta de Deus para as suas necessidades temporais e eternas.

Aquele era o último dia da festa. No dia seguinte, terminaria aquele ciclo de festas e, a partir daí, o prazer diminuiria e as tensões do cotidiano retornariam. Cristo se apresenta como aquele que transformaria essa fonte em alegria estável, contínua e perene. Jesus estava dizendo que Ele podia gerar na alma humana um prazer que flui continuamente, uma satisfação plena, um êxtase emocional e espiritual capaz de resolver todas as angústias existenciais do ser humano.[9] A um povo sedento e faminto de Deus, Jesus fez um glorioso convite e uma abundante promessa.

O GLORIOSO CONVITE DE JESUS

O Evangelho é um convite de Deus ao homem, uma oferta de salvação, uma dádiva imerecida, um presente do céu. O clamor parte não do sedento, mas Daquele que é a água da vida. Jesus, a fonte da vida, a água da vida, o único capaz de dessedentar os corações, levanta a sua voz e oferece a maior de todas as dádivas, a água da vida. O próprio Jesus é o Siloé espiritual. Ele é quem supre cada aspiração e cada necessidade. Aquele que bebe da água que Ele dá, nunca mais terá sede (Jo 4.14). O convite de Jesus é uma expressão eloqüente do amor de Deus, um sinal visível da Sua graça e uma prova irrefutável do Seu grande propósito de nos salvar. Quais são os sinais distintivos desse convite?

O CONVITE DE JESUS É UNIVERSAL

"Se *alguém* tem sede..." (Jo 7.37). A salvação é uma oferta universal. O Evangelho é oferecido a todos, sem distinção. Deus não faz acepção de pessoas. A água da vida é para o pobre e o rico; para o erudito e o analfabeto; para o homem

---

[9] Augusto Cury. *O Mestre dos Mestres*. São Paulo, São Paulo. Academia de Inteligência. 2001: p. 79-80.

e a mulher; para o jovem e o idoso; para o homem do campo e o da cidade; para o ateu e o cristão. Essa oferta é feita àquele que está abatido, porque está com suas cisternas vazias. É feita a alguém que se desiludiu com todas as fontes onde buscou satisfação para a alma. É feita aos proscritos da sociedade, proibidos de se aproximarem dos bebedouros dos homens ou mesmo a um desviado que deixou a fonte das águas vivas e cavou para si cisternas rachadas. Ninguém está fora do alcance desse convite. Cristo veio buscar e salvar o perdido. O amor de Deus não está centrado nas qualidades que possuímos. Ele amou o mundo. Ele nos amou quando éramos pecadores. Nenhuma limitação nossa é capaz de apagar o brilho do amor de Deus. Ninguém está excluído dessa oferta generosa.

A porta do céu é Jesus e ela está aberta para você, meu prezado amigo. O caminho para Deus é Jesus, e ele está aberto para você. O plano eterno de Deus é salvar através de Jesus aqueles que procedem de toda tribo, raça, povo, língua e nação. O convite da salvação desconhece limites ou fronteiras. Em todo lugar, em todo tempo, sempre que alguém tem fome de Deus e sede da água viva, esta oferta é feita com generosidade.

Há no coração do homem fome de Deus. O homem não se satisfaz com coisas terrenas. Deus mesmo colocou a eternidade em nosso coração. Há um vazio existencial na alma humana que riquezas, poder, prazer e sucesso não podem preencher. O homem pode galgar todos os degraus da glória e ao chegar ao topo da pirâmide social, descobre que lá em cima há um vácuo. Só Jesus satisfaz a alma. Sem Cristo, somos seres incompletos e insatisfeitos. Sem Cristo, o homem é um ser faminto e vazio.

O convite de Cristo é dirigido a você. Os olhos de Cristo pousam em você. O seu coração pulsa por você. Os seus braços estendem-se para você. Você não foi esquecido.

Ele o ama com amor eterno. Ele pensou em você desde a eternidade. Ele veio ao mundo por você. Ele, sendo rico, se fez pobre por amor a você. Sendo santo, se fez pecado por você. Sendo o Rei dos reis, ele se fez servo por você. Sendo bendito eternamente, se fez maldição por você. Sendo a fonte da água da vida, Ele sentiu sede por você. Sendo exaltado pelos anjos, ele se humilhou por você. Sendo o autor da vida, Ele morreu por você. Agora, seus braços se estendem para você enquanto lhe convida: "Se alguém tem sede, venha a mim e beba" (Jo 7.37).

O maior banquete do universo, o banquete da salvação, foi preparado para você. A maior oferta jamais feita, a oferta da água da vida, é feita para você. A pessoa mais importante do mundo, o Rei da glória, é quem convida você. Não pereça exausto e sedento no deserto deste mundo. Há provisão do céu para você. Há uma fonte inesgotável que jorra à sua disposição. A oferta da vida eterna é feita a você, e agora!

O CONVITE DE JESUS É PARA UM ENCONTRO PESSOAL COM ELE

Os judeus estavam festejando o ritual, a cerimônia. Jesus diz, entretanto, que é Ele, e não a procissão festiva, que sacia a sede da alma. Quem tem sede deve vir pessoalmente a Jesus Cristo. Não basta vir à igreja, às reuniões. Sem Jesus, a religião é vã. A fonte da salvação não está em nós, mas em Cristo. Não está em nossas obras, mas na obra consumada de Cristo. Não está em nossa fé, mas na morte substitutiva de Cristo. A fonte da salvação não está na Igreja, mas Naquele que é o Senhor e o Salvador da Igreja. A vida eterna não é uma questão de abraçar uma filosofia religiosa ou defender uma doutrina bíblica. A fonte da água da vida não está numa instituição, mas se fundamenta numa pessoa, Jesus. Ele é a fonte, a água da vida, o único que pode nos saciar.

Jesus disse: "Venha a mim". Somente Cristo nos satisfaz. Só Ele pode preencher o vazio existencial que temos no peito. Só Ele pode nos dar a vida eterna. Só Ele pode perdoar os nossos pecados. Só Ele pode nos reconciliar com Deus. O cristianismo não é uma religião, mas uma pessoa. Ser cristão não é abraçar um sistema teológico, é render-se a uma pessoa. A vida eterna não é apenas adentrar pelos portais de um vasto e interminável tempo, mas, sobretudo, é conhecer uma pessoa. Jesus é o centro do cristianismo. Ele é tudo em todos. Ele é tudo na criação. Tudo na providência. Ele é tudo nas Escrituras, na redenção, na história e na eternidade. O Evangelho é boas novas acerca da pessoa de Cristo. Ele é a provisão de Deus para a nossa salvação. Em nenhum outro nome há salvação. Só Ele é o caminho que conduz a Deus. Só Ele é a porta do céu. Só Nele há vida eterna.

A sede que clama dentro de nós não se satisfaz com coisas. As fontes do mundo são cisternas rotas. As águas que jorram dessas cisternas são águas salobras e lodacentas. O prazer, o dinheiro, o sexo e a fama não satisfazem. Salomão buscou a felicidade nesses quatro itens e descobriu que tudo isso não passava de vaidade ou bolha de sabão (Ec 2.1-11). O mundo com os seus encantos e fascinações não substitui a fome de Deus que há em nosso coração. O diabo é um grande enganador. Ele oferece liberdade, mas escraviza. O pecado é uma fraude, oferece prazer e dá desgosto; promete alegria e paga com a tristeza; anuncia a vida e oferece a morte.

O CONVITE DE JESUS EXIGE ROMPIMENTOS EXISTENCIAIS

O Mestre disse: "Se alguém tem sede, *venha* a mim e beba" (Jo 7.37). Para beber a água da vida, é preciso sair de onde está. É preciso desinstalar-se. É preciso romper com o *status quo*. Para beber a água da vida, é preciso sair do comodismo e tomar uma decisão. É preciso romper com todo obstáculo, preconceito e estruturas que nos paralisam. Ninguém é naturalmente cristão. Ser cristão é o acontecimento mais dramático e radical que pode acontecer na vida de uma pessoa. Para ver o Reino de Deus, é preciso nascer de novo. Para entrar no Reino de Deus, é preciso nascer da água e do Espírito. Não basta apenas nascer num país chamado cristão, ou nascer numa família cristã, ou mesmo ter alguns hábitos de cristão. Ser cristão, é nascer de cima, nascer do céu, nascer do Espírito. Ser cristão, é ser gerado da divina semente. É receber uma nova natureza, é ser co-participante da natureza divina. Ser cristão, é ter um novo coração, uma nova mente, uma nova vida. Ser cristão, é ter uma nova inclinação, novos gostos e novas preferências, novas prioridades.

Para beber a água da vida, é preciso romper com situações, tradições e vínculos pessoais, familiares e religiosos. Jesus disse que aquele que não renunciar a tudo o que tem, e não deixar pai e mãe por amor a Ele não pode ser seu discípulo. Receber a Cristo é abrir mão de todos os nossos tesouros para adquirir a pérola de grande valor. É desistir dos tesouros da terra para adquirir os tesouros eternos. É renunciar ao nosso eu, às nossas posses, aos nossos conceitos e opiniões e lançarmo-nos incondicionalmente aos pés de Cristo. Jesus denunciou a dureza de coração dos judeus: "Vós não quereis vir a mim para terdes vida". Ele chorou ao contemplar a incredulidade de Jerusalém que se recusou a ir a Ele para receber o pão da vida. Multidões perecem porque se recusam ir a Jesus. Ele é a fonte da água da vida. Ele é a resposta de Deus para as nossas necessidades temporais e eternas. Mas para beber a água da vida, não existem substitutos nem atalhos, é preciso ir a Jesus.

O Filho de Deus mostrou essa verdade com meridiana clareza a Nicodemos. Ele era um homem rico, mas o dinheiro não pôde satisfazer os anseios da sua alma. Ele era um homem culto, era mestre em Israel, mas os seus diplomas não puderam preencher o vazio do seu coração. Ele era religioso, fariseu, freqüentava com assiduidade a sinagoga, entregava o dízimo com fidelidade, jejuava duas vezes por semana, fazia suas orações com regularidade, mas sua religiosidade não abasteceu a sua alma com a água da vida. Ele era líder em sua religião e fazia parte do Sinédrio. Ele ocupava uma posição de grande honra na sua igreja e era respeitado como um grande teólogo, mas sua fama não pôde satisfazer os anelos do seu coração.

Nicodemos, então, foi a Jesus. Ele, um mestre, foi ao encontro do Mestre por excelência. Sua alma gritava por uma experiência que pudesse dar a ele sentido para a vida. Ele reconheceu que Jesus era Mestre. Ele sabia que Jesus vinha da parte de Deus e que tinha poder para realizar milagres. Ele teceu os mais entusiasmados elogios a Jesus. Mas, sem rodeios e subterfúgios, Jesus vai direto ao ponto, e toca no nervo exposto da sua alma e lhe diz: "... Em verdade em verdade te digo que, se alguém não nascer de novo, não pode ver o reino de Deus" (Jo 3.3).

O novo nascimento não é algo natural, produzido pela vontade do homem (Jo 1.13). O novo nascimento não é reencarnação ou voltar ao ventre materno e nascer pela segunda vez (Jo 3.4). O novo nascimento é nascer de cima, do alto, de Deus. É nascer da água e do Espírito (Jo 3.5). Nascer de novo é um milagre transformador operado pelo Espírito quando o pecador, desesperado, consciente da sua terrível condição, olha para a cruz e compreende que Jesus foi crucificado em seu lugar (Jo 3.14-15). Nascer de novo é correr para os braços de Cristo e receber Dele o presente da vida eterna.

O CONVITE DE JESUS É PARA OS QUE TÊM SEDE DE DEUS

O convite de Cristo é claro: "Se alguém tem *sede*, venha a mim e beba" (Jo 7.37). Só os sedentos buscam água. Só os doentes procuram médico. Só os que se reconhecem perdidos anelam por um Salvador. Antes do homem ser salvo, precisa saber que está perdido. Antes do Evangelho, vem a lei. Só um pecador reconhece que precisa de um Salvador.

Hoje prega-se as boas novas de salvação antes de mostrar que o homem está perdido. Quando o apóstolo Paulo escreveu a carta aos Romanos, antes de apresentar a doutrina da justificação pela obra de Cristo, mostrou que os gentios que não tinham a Bíblia, bem como os judeus que a tinham, estavam igualmente condenados. Só depois que evidenciou que todos haviam pecado e estavam destituídos da glória de Deus é que apresentou a salvação em Cristo.

Vivemos numa geração chamada pós-cristã e humanista. Ela nega o pecado e dá explicações psicológicas e naturalistas para os problemas humanos. Ao mesmo tempo, vivemos a explosão do misticismo. Essa vertente atribui toda a conduta humana a fatores externos. O homem deixa de ser culpado para ser uma vítima. Os problemas são alógenos e não autógenos, ou seja, são gerados fora do homem e não dentro dele. Com isso, os púlpitos trocaram a mensagem do arrependimento pela mensagem da libertação. Os homens são apenas vítimas do diabo, em vez de pecadores culpados que precisam se arrepender.

Enquanto o homem não reconhecer a gravidade e a hediondez do seu pecado, ele não se voltará para Deus. O pecado é maligníssimo. Ele é a maior tragédia sobre a vida humana. O pecado afastou o homem de Deus, do próximo, de si mesmo e também da natureza. O pecado trouxe desagregação total na obra da criação. Não apenas o homem está sob o efeito do pecado, mas também a natureza, que geme e se contorce de dores aguardando o dia da redenção do seu cativeiro. O mundo está no estertor da morte, enfermo pelo pecado. O pecado é pior do que a pobreza, solidão, doença e a a própria morte. Esses males, embora terríveis, não podem afastar o homem de Deus, mas o pecado afasta o homem de Deus no tempo e na eternidade (Is 59.2; 2 Ts 1.9).

A Palavra de Deus ensina que o homem está em estado de depravação total. O que isso significa? Significa que todas as áreas da vida humana foram afetadas pelo pecado. Nossa razão, emoção e vontade foram afetadas pelo pecado. O corpo e a alma foram contaminados pelo pecado. Não há nenhuma parte sã em nós que não tenha sido atingida por esse veneno maligno instilado pela antiga serpente. Embora, nem todos os homens, em virtude da graça comum de Deus, caiam na mais repugnante depravação moral, todos estão afastados de Deus, condenados pelos seus pecados. E só aqueles que compreendem que estão perdidos, separados de Deus, condenados por seus pecados é que buscarão dessedentar suas almas na fonte das águas vivas!

Meditava e orava no gabinete pastoral, numa segunda-feira, quando, antes das oito horas, alguém bateu em nossa porta e me disse: "Pastor, o senhor não me conhece. Eu nunca falei antes com um pastor. Eu nunca tinha entrado numa igreja evangélica até ontem à noite. Mas, não vim aqui para participar do culto, na verdade, vim para roubar um carro. Vivi desde a juventude na delinqüência. Tornei-me escravo do vício e depois um traficante. Minha vida é um inferno. E muitas vezes transformei a vida dos outros no mesmo inferno. Contudo, quando estava ontem à noite, observando os carros para decidir qual levaria, ouvi uma música que saía do templo. Meu coração foi tocado. Fui atraído irresistivelmente para dentro do templo. Como estava, com o revólver na cintura, entrei e vi um povo feliz que cantava louvores a Deus. Naquele momento, senti que estava perdido. Meu corpo tremeu. Minhas pernas ficaram bambas. Minha alma rendeu-se incondicionalmente aos pés de Cristo. Comecei a chorar. Não podia conter as lágrimas. Mas chorava não de desespero, mas de alegria. As minhas algemas estavam sendo quebradas. As grossas cadeias que me prendiam estavam sendo despeçadas. Minha alma estava sendo arrancada do cárcere. Ali mesmo, como estava, fui transformado. Minha alma encontrou um manancial de águas vivas. Eu bebi a água da vida e fui salvo. Voltei para minha casa e as lágrimas ainda rolavam no meu rosto. Minha mulher, assustada, quis saber se alguém tinha me feito algum mal. Os comparsas do crime bateram à minha porta, convidando-me para sair, mas eu lhes disse: 'Eu não posso mais sair. Aquele homem que vocês conheceram morreu. Agora eu sou um novo homem. Agora eu encontrei o Salvador. Agora a minha vida foi salva.'" Ajoelhamo-nos no gabinete pastoral, oramos, e posso testemunhar do poder transformador de Jesus!

O CONVITE DO MESTRE IMPLICA POSSE

O convite de Cristo é claro: "Se alguém tem sede, venha a mim e *beba*" (Jo 7.37). O convite de Jesus não é para olhar a água, analisar, admirar, conversar sobre a água ou mesmo para criticá-la. Jesus convida para beber dela!. Muitos ouvem falar sobre Jesus, lêem a respeito de Jesus, mas não O experimentam. A água só pode matar a nossa sede quando a bebemos. Não basta saber o que é a água. Não é suficiente conhecer as propriedades dela. Não adianta saber que somente a água pode nos saciar nem mesmo adianta ir exausto e sedento à fonte. É preciso beber se queremos resolver o problema da sede. Enquanto não nos apropriarmos da água, não encontraremos resposta para a nossa sede.

É possível uma pessoa morrer de sede junto à fonte. É possível uma pessoa estar exausta, sôfrega e desesperada de sede, à beira da morte, não por falta de água, mas por recusá-la, por não bebê-la. Assim, também, é possível uma pessoa perecer eternamente, não por falta de oportunidade, mas por não aproveitar a oferta da salvação em Cristo.

Para ser salvo, não basta apenas saber quem é Jesus. Não basta saber que Ele é o Filho de Deus, o salvador do mundo, o único mediador entre Deus e os homens. Não basta saber que Ele é o pão da vida. Não basta saber que Ele é a fonte de onde jorra a água da vida. É preciso beber essa água. É preciso crer em Cristo. É preciso tomar posse da vida eterna. O cristianismo não é uma filosofia, não é uma religião; o cristianismo é uma Pessoa, é Jesus. Ser cristão é crer em Cristo, receber a Cristo, estar em Cristo, pertencer a Cristo, viver em Cristo. Não nos tornamos cristãos apenas abastecendo a nossa mente de informações religiosas. Não tomamos posse da vida eterna apenas passando por rituais religiosos. Somente quando bebemos a água da vida, é que somos saciados e transformados.

Jesus disse que aquele que Nele crê, como diz a Escritura, do seu interior fluirão rios de água viva (Jo 7.38). Ele disse também que aquele que beber da água que Ele dá nunca mais terá sede; ao contrário, essa água se tornará uma fonte a jorrar para a vida eterna (Jo 4.14). Meu amigo, essa água da vida é Jesus. Ela é oferecida a todos aqueles que têm sede. Ela é de graça. O grande clamor do Espírito e da Igreja é este: "O Espírito e a noiva dizem: Vem! Aquele que ouve, diga: Vem! Aquele que tem sede venha, e quem quiser receba de graça a água da vida" (Ap 22.17).

O apóstolo Paulo disse que Cristo em nós é a esperança da glória (Cl 1.27). Somente aquele que já bebeu dessa água e já experimentou a glória superlativa de ter a vida eterna sabe o que isso verdadeiramente significa. Podem os céticos destilar o seu veneno, lançando sobre os cristãos suas críticas mais desairosas. Podem os pervertidos dizer que ser cristão é privar-se das delícias da vida. Podem os tolos afirmarem que toda religião é boa e que todo caminho leva a Deus. Mas eles jamais poderão saber o que de fato significa ser um cristão. Eles jamais vão compreender a alegria indizível e cheia de glória de ter a Cristo. Eles jamais vão alcançar o que representa a sublimidade do conhecimento de Cristo até que tenham também bebido da água da vida. O cristianismo não é apenas para ser conhecido, mas, sobretudo, para ser experimentado.

O CONVITE DE JESUS TEM CARÁTER DE URGÊNCIA

No último dia da festa, levantou-se Jesus e disse: "Se alguém tem sede, venha a mim, e beba" (Jo 7.37). Não é o sedento que está clamando por água, mas Aquele que é a fonte da água da vida é quem clama aos sedentos. Não é o sedento que busca a fonte, mas Aquele que é a água da vida que busca o sedento. Nunca o homem deu o primeiro passo para a salvação. Essa é sempre uma iniciativa de Deus. Quando o homem pecou no Éden, foi Deus quem o procurou. A história da humanidade é a história da busca de Deus pelo homem perdido. Jesus disse para Zaqueu que o Filho do Homem veio buscar e salvar o perdido (Lc 19.10). Tudo provém de Deus que nos reconciliou consigo mesmo por meio de Jesus (2 Co 5.18). A salvação é obra exclusiva de Deus. Ele planejou, executou e agora aplica a salvação. Até a sede que sentimos por Deus é colocada por Ele em nós. É Ele quem opera em nós tanto o querer como o realizar (Fp 2.13).

Todas as religiões do mundo são uma tentativa do homem alcançar a Deus. Todas falam da tentativa do homem chegar até a Deus através dos seus esforços, méritos e obras. Elas representam os caminhos que os homens procuram abrir na direção de Deus. O cristianismo não é o caminho aberto da terra ao céu, mas, sim, o caminho aberto do céu à terra. Não é o homem buscando Deus, mas Deus buscando o homem. O homem não pode encontrar a Deus por si mesmo. Ele está cego (2 Co 4.4), perdido (Lc 19.10), dominado (At 26.18; Cl 1.13), escravizado pelo diabo, pelo mundo e pela carne (Ef 2.1-3). O homem está endurecido espiritualmente (Ef 4.17). Ele é inimigo de Deus (Rm 5.10; 8.7). O homem está morto nos seus delitos e pecados (Ef 2.1). A não ser que Deus tomasse a iniciativa na obra da salvação, toda a humanidade estaria irremediavelmente perdida.

Jesus apresentou-se ao povo como a água da vida. Ele apresentou-se como a resposta de Deus para as suas necessidades. Ele veio ao mundo para salvar os pecadores. Ele deixou a glória para habitar entre nós. Sendo Deus, se fez homem, sendo Rei, se fez servo, sendo rico, se fez pobre, sendo santo, se fez pecado, sendo bendito, se fez maldição. Ele, sendo exaltado pelos anjos nas cortes celestiais, veio ao mundo para ser cuspido pelos homens nas cortes terrenas. Ele sofreu agonias infernais na cruz para nos salvar dos tormentos eternos. Ele sofreu sede atroz na cruz para abrir para nós uma fonte perene de água da vida. Agora, a todos os sedentos, Ele oferece de graça a água da vida!

Para Jesus, uma vida vale mais do que o mundo inteiro. Ele suportou a cruz não fazendo caso da ignomínia, pela alegria que lhe estava proposta de conquistar-nos com Seu amor e salvar-nos com o Seu sangue. Há alegria diante dos Seus anjos por um pecador que se arrepende. Há festa no céu quando um sedento corre para Ele e bebe a água da vida.

O diretor de cinema Steven Spielberg, em seu dramático filme *A lista de Schindler*, expressa esse fato de forma comovente. Acontecia a segunda guerra mundial, sangrenta e cheia de perversidades. O ditador alemão Adolf Hitler com punho de aço esmagava os judeus com crueldade indescritível. Seis milhões de judeus foram torturados e mortos implacavelmente nos campos de concentração nazistas, nos paredões de fuzilamento e nas câmaras de gás. Com seu gênio cinematográfico, Spielberg narra a história de um nazista que, no meio daquela carnificina, é tocado pela compaixão. Depois de comprar com o seu dinheiro centenas de judeus que estavam indo para as câmaras de gás, o rico nazista, comovido, comunica aos judeus que a guerra havia terminado e que eles estavam livres. Mas ao reuni-los no pátio de sua fictícia fábrica, olha para o seu carro de luxo e começa a chorar, dizendo: "Se eu tivesse vendido esse carro, teria comprado mais vinte vidas que pereceram". Em seguida, olhou para o alfinete de ouro na lapela do seu paletó e disse: "Se eu tivesse vendido esse alfinete de ouro, teria comprado mais duas vidas que pereceram" e numa frase lapidar, arrematou seu emocionado discurso: "Quem salva uma vida, salva o mundo inteiro". Aquele que deu a Sua vida na cruz pelos pecadores, com senso de urgência oferece a você, ofereceu a mim, a água da vida. Para Ele, você vale mais do que o mundo inteiro. Prezado leitor, não morra no deserto deste mundo! Corra para a fonte. Ela flui abundantemente. A água da vida lhe é oferecida de graça!

A GLORIOSA PROMESSA DE JESUS

Jesus faz não apenas um convite, mas também uma promessa. Aquele que beber da água que Cristo dá, aquele que crer nele, como diz a Escritura, do seu interior fluirão rios de água viva (Jo 7.38). Beber a água da vida é o mesmo que crer em Cristo. Mas o que significa crer em Cristo? Não é crer como diz a Igreja. Não é crer como ensina a tradição.

Não é crer como teoriza este ou aquele renomado teólogo. É crer em Cristo como diz a Escritura. Muitas pessoas crêem em Cristo apenas com uma fé intelectual. Essa é uma fé morta. Isso é apenas um assentimento intelectual. Outros crêem em Cristo com uma fé intelectual e emocional. Essa é a fé dos demônios. Eles crêem e estremecem, mas não estão salvos. Crer em Cristo, como diz a Escritura, é beber a água da vida, é estar plenamente satisfeito em Cristo. É não sentir mais sede de pecar, mas sede de Deus.

Quando uma pessoa crê em Cristo, ela toma posse da Sua gloriosa promessa. Ela recebe um novo coração, uma nova vida.

UMA VIDA PURA

Jesus fala de rios de água viva e não tanques de água morta. Ele fala de águas que fluem e que correm e não águas estagnadas e lodacentas. Essa figura refere-se a uma vida de pureza e santidade. Essa foi a figura que Jesus usou com a mulher samaritana. Quando o Senhor lhe pediu água, ela disse que o poço era profundo e não tinha como tirar a água. A palavra usada pela mulher para falar do poço é *frear*. Significa cacimba, poço, lugar de águas paradas. A palavra que ela usou era um retrato da sua vida estagnada, lodacenta, suja pelo pecado. Mas Jesus disse para ela que a água que Ele oferece não apenas satisfaz, mas torna-se uma fonte a jorrar para a vida eterna. A palavra usada por Jesus para descrever fonte é *pegue* e descreve uma fonte de águas correntes. Com isso, Jesus está falando que aquele que nele crê tem uma vida pura, limpa, dinâmica. Crer em Cristo é abraçar uma vida dinâmica, gloriosa, feliz. Crer em Cristo é experimentar a vida de Deus fluindo de dentro de nós. Crer em Cristo é o mais fascinante projeto de vida.

Onde não há evidência de santidade e pureza, não há sinais de salvação. É impossível beber a água da vida, ter rios de água viva fluindo do interior e ainda estar sedento para pecar. É impossível deleitar-se em Cristo e viver se revolvendo num lamaçal. Cristo não nos salva no pecado, mas do pecado.

UMA VIDA ABUNDANTE

Jesus não falou apenas de água viva, mas de rios de água viva. Nosso Mestres não mencionou um filete de água, um riacho, nem mesmo um rio caudaloso, mas rios de água viva, muitos rios. A promessa de Cristo refere-se a uma vida plena, abundante, maiúscula. Crer em Cristo é ter dentro da alma uma fonte que nunca seca. Viver com Cristo é experimentar o fluir de rios caudalosos que transbordam de dentro de nós, levando bênçãos por onde passam. Cristo veio para nos dar vida abundante. Nele, temos graça sobre graça. Por meio Dele, podemos experimentar a plenitude do Espírito.

A vida sem Cristo é árida como um deserto. Onde falta água, reina a morte, mas onde tem água, a vida floresce cheia de exuberância. Sabemos que com um rio podemos transformar um deserto num pomar. Visitei o Egito algumas vezes. Aquele milenar país é dependente do rio Nilo. De fato, o Egito é um presente do Nilo. No Egito, apenas 4% das terras são agriculturáveis. Noventa e seis por cento são formadas pelo deserto. Entretanto, onde o rio Nilo rasga as entranhas do deserto do Saara e despeja suas águas abençoadoras pelas ribanceiras, tudo floresce e frutifica. Onde há água, a semente brota com vigor e frutifica com abundância. É assim também no reino espiritual. Muitas vezes nossa vida se parece com o deserto do Saara. Ficamos áridos e estéreis, com o coração seco e endurecido. Só a água da vida pode amolecê-lo. Onde os rios de Deus brotam e correm, tudo recebe vida. Tanto o deserto do Saara quanto o do Sinai têm um cenário cinzento de morte, pois onde não tem água, não tem vida. Assim, também, onde não tem a água da vida, não tem vida espiritual. Sem Jesus, as pessoas vivem num deserto abrasador. Sem Jesus, elas morrem exaustas e sedentas. Mas quando elas, no desespero da sede atroz, bebem da água da vida, encontram uma vida exuberante, que floresce para a eternidade.

Quando cruzei o deserto do Sinai e entrei no território de Israel, vi um quadro intrigante. De um lado da fronteira reinava a morte, e do outro, no mesmo deserto, predominava a vida. De um lado, estava tudo seco e morto; do outro lado, contemplei um belíssimo pomar de laranja. Então, movido pela curiosidade, perguntei ao guia turístico a razão daquele contraste no mesmo deserto. Ele me respondeu: "Onde tem água, toda terra é terra boa". Israel levou água para o deserto e o deserto floresceu. O que estava morto recebeu vida. Essa é uma figura sublime acerca da promessa de Cristo. A sua vida pode ser seca como um deserto, pode estar árida como o chão batido, mas quando você crê em Cristo, tudo floresce em sua vida. A vida de Deus explode dentro de você. Rios de água viva começam a jorrar do seu interior. Isso é vida real, vida abundante, vida eterna.

Quando os rios de água viva fluem do nosso interior, temos não apenas vida abundante, mas tornamo-nos canais de vida para os outros. Distribuímos vida e esperança para aqueles que jaziam áridos à nossa volta, pois onde passam os rios de Deus, tudo o que está morto torna a viver (Ez 47.9).

UMA VIDA DE PODER

Quando os rios correm, transportam vida; quando eles são represados, geram força. Apenas com um rio podemos irrigar os campos, fazer fábricas funcionarem e levar vida onde a morte estava instalada. Quando as águas de um rio, porém, são represadas podemos gerar eletricidade e ter até mesmo uma hidroelétrica. Visitei, em 1978 o rio Paraná, na altura das Sete Quedas. Era um cenário encantador. As águas volumosas e céleres precipitavam-se com violência de alturas incríveis, formando ondas gigantescas e cheias de espuma. Aquele cenário de inefável beleza foi inundado. Construíram ali uma barragem. Cercaram as águas do grande rio Paraná. O resultado é que temos ali a maior hidroelétrica do mundo, uma incrível fonte de poder e energia.

Assim, também, acontece com aqueles que crêem em Cristo. Quando os rios que fluem de dentro de nós são barrados pelo sofrimento, pela dor, pela perseguição, então temos uma fonte de poder que emana de dentro de nós. Essa fonte de poder é o Espírito Santo. Ele habita em nós. Temos a suprema grandeza do poder de Deus à nossa disposição, temos todos os recursos do céu ao nosso dispor. O próprio Deus Todo-Poderoso habita plenamente em nós e todo o seu poder está à nossa disposição.

Quando John Hyde estava a bordo do navio, navegando para a Índia, para ali consagrar sua vida como missionário, recebeu um telegrama. Abriu-o com ansiedade, esperando encontrar alguma palavra encorajadora. Ficou perplexo e aborrecido ao ler a frase que lhe fuzilou o peito: "John Hyde, você está cheio do Espírito?".

Irritado, amassou o telegrama, enfiou-o no bolso e disse para si mesmo: "Isso é uma afronta. Eu sou um pastor consagrado. Sou um pregador de renome. Estou indo dedicar minha vida como missionário. É claro que estou cheio do Espírito".

Hyde desceu ao convés e deitou-se, tentando desligar-se da inquietante pergunta. Mas, tocado pelo Espírito de Deus, começou a chorar, prostrou-se com o rosto no chão e começou a clamar: "Ó Deus, eu preciso ser cheio do Espírito. Eu não posso ir para a Índia sem o revestimento do teu poder." Quebrantado, sedento, ele buscou a plenitude do Espírito. Chegou à Índia com o coração em chamas. O poder de Deus invadiu a sua vida e através do seu ministério milhares de pessoas foram salvas por Cristo. Sem o poder do Espírito, nossa vida será vazia, nosso coração será seco, nosso testemunho fraco e nossas pregações infrutíferas. Ó, que Deus envie sobre nós o poder do alto. Ó, que a nossa sede de Deus seja a maior ânsia da nossa vida. Ó, que a fome de Deus seja a necessidade mais gritante do nosso interior!

Capítulo 04

APETITE PELO ALIMENTO DO CÉU

O Evangelho de Mateus apresenta Jesus como Rei. O Reino de Deus era o tema central do ministério e do ensino de Cristo.[10] O sermão do monte é a plataforma do reino e as bem-aventuranças descrevem o perfil do cidadão do Reino. Elas revelam nossa atitude em relação a nós mesmos (Mt 5.3), em relação ao nosso pecado (Mt 5.4-6), em relação ao Senhor (Mt 5.7-9) e em relação ao mundo (Mt 5.10-16). A quarta bem-aventurança fala sobre o apetite pelas coisas do céu: "Bem-aventurados os que têm fome e sede de justiça, pois serão fartos" (Mt 5.6). Só os que têm fome é que serão saciados. Deus ainda despede vazios os ricos e enche de bens os famintos (Lc 1.57). Os que têm fome e sede de justiça não apenas são saciados, mas são também muito felizes.

A fome espiritual é uma das marcas do povo de Deus. A suprema ambição dos filhos do Reino é pelas riquezas espirituais. Eles buscam em primeiro lugar o Reino de Deus e a sua justiça (Mt 6.33).

---

[10] Donald B. Kraybill. *O Reino de Ponta-Cabeça*. Campinas, São Paulo. Editora Cristã Unida. 1993: p. 16.

O TIPO DE ALIMENTO QUE DEVEMOS TER APETITE

Jesus disse: "Bem-aventurados os que têm fome e sede de justiça". Thomas Watson, puritano inglês do século 17, interpreta essa justiça como sendo a justiça imputada e a justiça implantada.[11] John Stott, um dos maiores exegetas da atualidade, afirma que essa justiça tem três aspectos: legal, moral e social.[12] A justiça legal trata da nossa justificação, um relacionamento certo com Deus. A justiça moral trata da conduta que agrada a Deus, a justiça interior, de coração, de mente e de motivações. A justiça social refere-se à busca pela libertação do homem de toda opressão. Essa justiça luta pela promoção dos direitos civis. Clama pela justiça nos tribunais, pela integridade nos negócios e a honra na família e nos relacionamentos.

APETITE DA JUSTIÇA IMPUTADA

O homem está em dívida com Deus. O pecado é uma dívida impagável (Mt 6.12). Um dia, todos vão ter de comparecer diante do justo tribunal de Deus para prestar contas da sua vida (2 Co 5.10). Todos serão julgados pelas suas obras (Ap 20.12). Mas, pelas obras ninguém poderá ser justificado, porque todos pecaram (Rm 3.23). O pecado é a transgressão da lei (1 Jo 3.4). Mesmo que uma pessoa pudesse guardar toda a lei e tropeçasse num único ponto, seria culpada de toda a lei (Tg 2.10), posto que maldito é aquele que não persevera em toda a obra da lei para a cumprir (Gl 2.13). A alma que pecar, essa morrerá (Ez 18.4). Todos são culpados diante de Deus e Deus não inocentará o culpado (Êx 34.7).

---

[11] Thomas Watson. *The Beatitudes.* Carlisle, Pennsylvania. The Banner Truth Trust. 2000: p. 122.
[12] John R. W. Stott. *Contracultura Cristã.* São Paulo, São Paulo. Abu Editora S/C. 1981: p. 34.

O homem peca por palavras, obras, omissão e pensamentos, e o salário do pecado é a morte (Rm 6.23). A condição do homem é desesperadora, visto que ele está sem esperança e sem Deus no mundo (Ef 2.12). O homem natural está em estado de inimizade contra Deus (Rm 8.7). Ele está cego (2 Co 4.4), cativo (At 26.18), endurecido (Ef 4.17) e morto nos seus delitos e pecados (Ef 2.1). Ele é escravo do diabo, do mundo e da carne (Ef 2.1-3).

Mas, como pode o homem ser justo diante de Deus? Como pode ser reconciliado com Deus? Como pode ter sua dívida quitada com Deus? Como pode ser perdoado de todos os seus pecados? Como pode ter garantia de que será aceito junto ao justo e santo tribunal de Deus? Essa é a grande questão! Aqui está o cerne do Evangelho. O que o homem não pode fazer, Deus fez por ele. Jesus veio ao mundo como o nosso representante e fiador. Ele obedeceu a lei por nós e foi à cruz como o Cordeiro sem mácula para morrer pelos nossos pecados. Quando Ele estava suspenso no lenho maldito, na cruz do Calvário, Deus fez cair sobre Ele a iniqüidade de todos nós. Ele foi moído pelos nossos pecados e traspassado pelas nossas transgressões. O castigo que nos traz a paz estava sobre Ele e pelas suas pisaduras fomos sarados. Ele carregou no seu corpo os nossos pecados. Ele se fez pecado por nós. Ele bebeu sozinho todo o cálice da ira de Deus contra o nosso pecado. Ele sofreu em nosso lugar o golpe da lei. Ele morreu a nossa morte. Ele suportou o nosso castigo. Ele rasgou o escrito da dívida que era contra nós, anulou-o e o pregou na cruz. Na cruz, Ele nos perdoou, satisfazendo todas as demandas da lei e da justiça de Deus. Na cruz, Ele se fez a nossa justiça. Ele colocou em nossa conta toda a sua infinita justiça. Ele não apenas nos tirou da falência, mas nos fez ricos. Estamos quites junto ao tribunal de Deus. Já nenhuma condenação há mais para aqueles que estão em Cristo Jesus.

Quando entendemos o que Cristo fez por nós na cruz, então temos fome e sede desta justiça. Anelamos por ela mais do que o mais refinado ouro. Ela nos basta. O mais fraco dos crentes que crê em Cristo tem tanto da sua justiça quanto o mais forte dos santos. Em Cristo, somos completos e perfeitos, Nele temos uma fonte inesgotável de vida. Não precisamos cavar as cisternas rotas dos merecimentos humanos. Sua justiça é completa, é plena, é eficaz, é gratuita. Aquele que tem fome, pode comprá-la sem dinheiro e sem preço (Is 55.1). Aquele que tem sede, pode bebê-la de graça (Ap 22.17).

APETITE DA JUSTIÇA IMPLANTADA

Não é suficiente saber que os nossos pecados estão perdoados, pois temos uma fonte de pecado dentro do nosso coração e águas amargas fluem constantemente dessa fonte. Quem tem fome e sede de justiça, deseja ardentemente ser transformado. Jesus alerta: "Se a vossa justiça não exceder em muito a dos escribas e fariseus, jamais entrareis no reino dos céus" (Mt 5.20).

Quem tem fome e sede de justiça, aspira as coisas do céu, ama a santidade, tem prazer nas coisas de Deus, alegra-se em Deus e na sua Palavra. Sua aspiração mais elevada não é ajuntar tesouros na terra, mas no céu. Aquele que tem fome e sede de justiça, nasceu do céu, seu coração está no céu, seu tesouro está no céu, sua pátria está no céu. O céu é o seu lar. Seu prazer não é ser amigo do mundo (Tg 4.4), amar o mundo (1 Jo 2.15) ou conformar-se com o mundo (Rm 12.2), mas o seu prazer está na lei do Senhor e nela medita de dia e de noite (Sl 1.1-3).

Quem tem fome e sede de justiça, deseja ardentemente ter uma mente pura, um coração puro, uma vida pura. Seu maior projeto de vida é viver para a glória de Deus, conhecer a Deus e fazê-lo conhecido. Quem tem fome e sede de justiça, quer sempre mais de Deus. Está satisfeito, mas nunca saciado. É santo, mas quer se santificar mais. Obedece, mas quer obedecer mais. Estuda a Palavra, mas quer estudar mais. Ora, mas quer orar mais. Ama, mas quer amar mais. Seu alvo é ser transformado de glória em glória até chegar à plenitude da estatura de Cristo.

APETITE DA JUSTIÇA PROMOVIDA

Se a justiça imputada fala da justiça legal, a implantada fala da justiça moral; a justiça promovida, fala da justiça social. John Stott diz que quem tem fome e sede de justiça abomina o mal, ataca a corrupção, declara guerra contra todo esquema de opressão, luta pela justiça social, exige justiça nos tribunais, defende o direito do fraco e pleiteia a causa dos oprimidos.

Quem tem fome e sede de justiça, luta por uma sociedade onde não haja fraude, falso testemunho, perjúrio, roubo e desonestidade nos negócios pessoais, nacionais e internacionais. Quem tem fome e sede de justiça, luta para que leis justas sejam estabelecidas, que os justos governem e que os magistrados julguem com eqüidade. Quem tem fome e sede de justiça, denuncia o pecado e promove o bem, ama a verdade e abomina a mentira. Sua oração contínua é: "Venha o teu reino, faça-se a tua vontade, assim na terra como no céu" (Mt 6.10). Quem tem fome e sede de justiça, deseja justiça diante de Deus, para si e entre os homens.

Os filhos de Deus sempre lutaram pelas grandes causas sociais. O cristianismo sempre levantou a bandeira das grandes transformações sociais. O Rei veio para desfazer as obras do diabo e libertar os cativos e oprimidos. Jesus Cristo restaurou a dignidade das mulheres e das crianças. Os apóstolos cuidaram dos pobres. A reforma do século 16 devolveu às nações a visão bíblica do trabalho, da vocação, da economia, da ciência e, sobretudo, da verdadeira fé. As nações que nasceram sob a luz da Reforma cresceram e prosperaram, rompendo as peias do obscurantismo medieval. João Wesley lutou bravamente pela causa da abolição da escravatura. Bill Hybels, de forma comovente, conta em seu livro *Liderança Corajosa* a história de William Wilberforce e Martin Luther King. Em 1789, Wilberforce posicionou-se perante o parlamento britânico e de maneira veemente clamou pelo dia em que homens, mulheres e crianças não fossem mais comprados e vendidos como animais de carga. A cada ano, nos 18 anos seguintes, seu projeto de lei foi derrotado, mas ele não esmoreceu em sua luta contra a escravidão. Até que, finalmente, em 1833, quatro dias antes da sua morte, o parlamento aprovou um projeto de lei abolindo completamente a escravidão na Inglaterra. Em 1963, Martin Luther King Jr., em pé nos degraus do Memorial de Lincoln, em Washington, D.C., descreveu um mundo sem preconceito, ódio ou racismo. Disse ele: "Eu tenho o sonho de que meus quatro filhos vão um dia viver em uma nação onde não serão julgados pela cor da pele, mas pelo teor do seu caráter." Ele lutou com desassombro contra o famigerado preconceito racial na América, e mesmo tombando como mártir dessa causa, deixou um legado vitorioso que ainda inspira aqueles que têm fome e sede de justiça a continuarem nessa peleja. Martin Luther King Jr., morreu, mas o seu sonho permanece vivo!

PROBLEMAS LIGADOS AO APETITE

Há alguns problemas graves ligados à questão do apetite. Precisamos considerá-los, se queremos entender claramente o que Jesus está ensinando nessa quarta bem-aventurança.

OS MORTOS NÃO TÊM APETITE

Uma pessoa morta não tem fome. Não há restaurantes nos cemitérios. Assim, também, uma pessoa sem vida espiritual nunca vai ter fome das coisas de Deus. As iguarias da mesa de Deus não despertam nenhum apetite nas pessoas mortas espiritualmente. As coisas de Deus não as atraem. Elas têm fome de outras coisas. O mundo as encanta e seduz. Elas têm fome de pecar, mas não têm nenhum apetite para participar dos ricos banquetes de Deus.

Se você não tem fome de Deus, é porque possivelmente você ainda está morto espiritualmente. A fome é o primeiro sinal de que uma pessoa está viva. Quando uma criança nasce, a primeira coisa que ela faz é chorar e buscar o seio materno. Assim como uma criança, ao nascer, deseja o leite materno, uma pessoa que nasce de novo deseja ardentemente o genuíno leite espiritual (1 Pe 2:2). John MacArthur Jr. exorta: "Se você não tem fome e sede de justiça, há que se questionar se você sequer está no Reino de Deus".[13]

A FALTA DE APETITE É UMA DOENÇA

Uma pessoa perde o apetite quando está doente. Uma pessoa sem apetite tem vida, mas não tem saúde. Assim, também, muitas pessoas que nasceram de novo estão doentes espiritualmente e perderam o apetite pelas coisas do céu. Perderam o apetite pela leitura da Bíblia. Perderam o apetite pela oração. Perderam a alegria de estar na Casa de Deus e estão fracas na fé.

Quando uma pessoa está doente, muitas vezes, sente mais sono do que fome. São como Pedro no Getsêmani, em vez

---

[13] John MacArthur Jr., *O Caminho da Felicidade.* São Paulo, São Paulo. Editora Cultura Cristã. 2001: p. 104.

de vigiar e orar, dormem. E quando acordam, elas agem, mas agem na carne, de modo insensato. Outras pessoas são como as crianças, são mais atraídas pelas diversões e recreações do que pelo alimento.

Quando uma pessoa recusa o alimento, é porque tem a sensação de que está satisfeita. Aqueles que se consideram cheios jamais serão saciados. Deus ainda despede vazios os ricos e enche de bens os famintos. Aqueles que estão satisfeitos com a sua justiça própria, jamais terão fome da justiça de Deus. Aqueles que se consideram ricos e abastados, como os laodicenses, nem se apercebem da sua total falência espiritual.

Quem tem saúde, tem apetite. Quem conhece a Deus, tem fome de Deus. Jesus demonstrou seu apetite espiritual: "A minha comida consiste em fazer a vontade daquele que me enviou e realizar a sua obra" (Jo 4.34). Quem tem fome de Deus, alegra-se na Palavra de Deus. Ela é mais doce do que o mel e o destilar dos favos (Sl 19.10). O profeta Jeremias dá o seu testemunho: "Achadas as tuas palavras, logo as comi" (Jr 15.16).

O ENFRAQUECIMENTO É EVIDÊNCIA DE ALIMENTAÇÃO ESCASSA

Quando as pessoas não recebem alimento suficiente para atender às suas necessidades, ficam fracas, desnutridas, e, por conseguinte, não se desenvolvem. O alimento é uma necessidade básica. Ninguém sobrevive sem pão. Ninguém pode ter uma boa saúde sem alimentação suficiente e adequada. Há muitos crentes sofrendo inanição espiritual porque estão ingerindo pouco alimento. Estão recebendo apenas uma refeição por semana. Só vão à igreja uma vez por semana. Em casa, não lêem a Bíblia, não oram nem cultivam o culto doméstico. Não freqüentam os cultos semanais. Não participam das reuniões de oração. Não se aplicam ao estudo das Escrituras na Escola Dominical. O resultado é uma fraqueza espiritual generalizada. Essas pessoas ficam expostas a todo tipo de doenças oportunistas. Perdem a resistência. Ficam sujeitas às influências perniciosas dos ventos de doutrina.

Existem muitos aventureiros da fé, cujo propósito não é alimentar o povo de Deus, mas engordar a sua própria conta bancária. Só pregam para grandes auditórios, para ganhar grandes cachês. Outros, trocam de púlpito com os seus pares, para dividirem entre si as ofertas dos fiéis. Muitos pregadores inescrupulosos e gananciosos criam as suas próprias igrejas como uma empresa familiar. Fazem do púlpito um balcão, do Evangelho um produto, do povo uma clientela. Vendem por dinheiro a graça de Deus e pelo lucro, a consciência. Torcem a verdade, pregam outro evangelho, que na verdade não é evangelho, e anestesiam os incautos com promessas mirabolantes de riquezas e glórias neste mundo. Embora as multidões movidas pela fome do pão que perece e bênçãos puramente terrenas afluam para os redutos desses pregoeiros, elas continuam com inanição espiritual, visto que não se alimentam do verdadeiro pão da vida.

MUITAS DOENÇAS SÃO PROVOCADAS POR ALIMENTAÇÃO INADEQUADA

A saúde começa pela boca. Não há nada mais nocivo para a saúde do que ingerir um alimento estragado ou venenoso. No tempo do profeta Eliseu, os discípulos dos profetas não puderam comer, porque havia morte na panela. Hoje, muitos crentes estão doentes porque há morte na panela. Há morte nos seminários, nos púlpitos, nas salas de Escola Dominical, nos livros e nas músicas.

As pessoas estão desejando as bênçãos de Deus e não o Deus das bênçãos. Elas querem prosperidade e cura, e não santidade. Elas querem sucesso, e não piedade. Elas têm sede dos aplausos dos homens, e não fome da glória de Deus. O jovem rico foi a Jesus, mas ele tinha fome de salvação e também de riqueza. Seu amor ao dinheiro era maior do que a sua fome de salvação, por isso, abraçou o seu dinheiro e rejeitou a Cristo. Muitos vão a Jesus e voltam vazios, porque têm fome de salvação e também dos prazeres do mundo. São como Demas, que tendo amado o presente século, abandonou as fileiras da fé cristã (2 Tm 4.10). Há pessoas que têm fome de mamom e não de maná. São como Acã, e preferem uma riqueza amaldiçoada a uma obediência bem-aventurada. Aqueles que estão embriagados pela ganância, buscam segurança no ouro, mas encontram a própria morte. Não poucos são aqueles que têm fome de vingança. Têm sede de satisfazer a seus desejos impuros. Aqueles que têm fome do pecado serão saciados momentaneamente por Satanás, mas perecerão de fome e sede para sempre.

A DESNUTRIÇÃO PRODUZ RAQUITISMO

Uma pessoa que não recebe alimento saudável e suficiente pode sofrer de raquitismo. Seus membros ficam atrofiados e seu desenvolvimento comprometido. Não obstante vivermos no melhor dos tempos, vivemos, também, no pior dos tempos. Nunca tivemos tanta literatura evangélica disponível e nunca tivemos uma geração tão analfabeta da Bíblia. Nunca tivemos tanto acesso ao conhecimento bíblico e nunca tivemos uma geração tão descomprometida com o conteúdo do Evangelho. Somos gigantes em número e pigmeus em vida. Temos extensão, mas não profundidade. Temos articulação política, mas não testemunho de impacto. Temos muitos pregadores famosos, mas poucos homens ungidos. Temos muitas celebridades, mas poucos que cingem a toalha e imitam o Mestre.

Muitas igrejas estão se transformando em casas de shows. O povo só aparece quando existe um artista, uma estrela, um testemunho espetacular, um cantor famoso. As pessoas estão correndo atrás de entretenimento espiritual e não do pão do céu. Elas têm fome do novo, do inusitado, do espetaculoso e não da Palavra de Deus. Elas buscam emoções e não conhecimento; experiências e não entendimento. Por falta de alimento genuíno, não se desenvolvem, não criam musculaturas espirituais, não crescem rumo à plena estatura de Cristo.

As igrejas que abandonam o genuíno evangelho em busca das novidades precisam de ter muita criatividade. As novidades são como goma de mascar. No começo é gostoso, doce. Mas, depois, o açúcar acaba e a pessoa começa a mastigar borracha. Uma novidade passa como passa a neblina e então, outra novidade precisa ser inventada. Como meninos, essas pessoas são arrastadas por todos os ventos de doutrinas e no tempo que já deveriam ser maduras, ainda continuam nos rudimentos da fé, raquíticas espiritualmente.

AS CARACTERÍSTICAS DO APETITE ESPIRITUAL

Há um perfeito paralelo entre o apetite físico e o apetite espiritual. Há uma grande ligação entre o pão da terra e o pão do céu. Há uma intensa conexão entre a fome de alimento e a fome de Deus. Charles Haddon Spurgeon em seu esplêndido comentário, *God Will Bless You*, sobre as Bem-Aventuranças, identifica várias conexões entre a fome física e a fome espiritual.[14]

---

[14] Charles H. Spurgeon. *God will bless you.* New Kensington, Pennsylvania. Whitaker House. 1997: p. 68-72.

O APETITE É UM DESEJO REAL

A fome é indisfarçável. Não podemos fazer de conta que o apetite não existe. A fome e a sede são as necessidades mais essenciais da vida. Ninguém sobrevive neste mundo sem pão e sem água. Assim, também, ninguém pode pertencer ao Reino de Deus sem ter fome e sede de justiça. O maior anseio de uma pessoa salva é ser perdoada e vestida com a justiça de Cristo. O maior desejo de um crente é ser santo, puro e faminto de Deus. Sua maior aspiração é pela glória de Deus. Se antes ele tinha fome de pecar, agora, ele tem fome de santidade.

Uma pessoa faminta enfrenta qualquer tipo de dificuldade para conseguir pão. Victor Frankl, médico e logoterapeuta, foi preso pelos nazistas na segunda guerra mundial. Ele perdeu toda a sua família. Foi levado para o campo de concentração de Alschiwitz, na Polônia. Enfrentou horrores indescritíveis. Perdeu tudo: a pátria, a cidadania, a família, a riqueza, o nome, a dignidade. Sobrou-lhe apenas um fiapo de vida ultrajada. Viu muitos prisioneiros sucumbirem diante do despotismo cruel dos soldados nazistas. Viu outros sendo empurrados para dentro de comboios superlotados, levados para as câmaras de gás. Sem roupa, sem pão, sem liberdade e sem dignidade, atormentado pelo frio e pela fome, pelo pânico e pela dor, viu as pessoas sendo chutadas e esbofeteadas até à morte. Os prisioneiros eram submetidos a todo tipo de trabalhos forçados e os sacrifícios mais heróicos eram feitos apenas para disputar uma concha mais cheia de uma sopa rala que lhes dava a esperança de se manterem vivos.[15] A fome é uma necessidade real. O pão é uma questão de sobrevivência. De modo semelhante, aqueles que pertencem

---

[15] Viktor Frankl. *Op. Cit.* p. 36.

ao Reino de Deus têm fome e sede de justiça. Há uma ânsia por Deus que consome as entranhas da sua alma.

Thomas Watson faz uma distinção entre a fome de Deus e o apetite hipócrita.[16] O hipócrita não deseja Deus, mas apenas suas bênçãos. É como Balaão, que queria morrer a morte dos justos, mas não estava disposto a viver a vida dos justos (Nm 23.10). O apetite do hipócrita é condicional. Ele quer Jesus, mas também tem apetite pelos seus pecados. Ele quer Jesus, mas também ama as riquezas. Ele quer Jesus, mas também tem os olhos cheios de cobiça. Ele quer ser amigo de Jesus e também do mundo. Os desejos do hipócrita são fora de tempo. As cinco virgens loucas desejaram entrar nas bodas tarde demais. Elas queriam o noivo, mas não se prepararam para encontrar com ele. Elas bateram à porta, mas não puderam entrar.

O APETITE É UM DESEJO CONSTANTE

Comemos pão hoje e temos fome de novo amanhã. Saciamo-nos pela manhã e à noite clamamos novamente por pão. Dessedentamo-nos, e tempos depois, sofregamente, procuramos água. Assim, também, é com respeito às coisas espirituais. Temos fome de Deus e somos saciados. Mas queremos mais. Sempre mais. Queremos mais do Seu amor, da Sua graça, do Seu poder. Somos como Moisés. Ele conheceu a Deus na sarça ardente. Ele conheceu os milagres de Deus no Egito. Ele viu Deus tirando o seu povo do Egito com mão forte e poderosa. Ele viu o Mar Vermelho se abrindo e tornando-se estrada seca diante dos seus pés. Ele viu Deus tirando água da rocha e fazendo cair maná do céu. Ele viu o dedo de Deus escrever em letras de fogo os Dez Mandamentos na pedra.

---

[16] Thomas Watson. *Op. Cit.* p. 129-131.

Mas ele queria mais de Deus. Ele clamou: "Senhor, mostra-me a tua glória" (Êx 33.18)! Esta fome e esta sede continuam e aumentam no simples fato de saciá-la. Quanto mais você se alimenta de Deus, mais você tem fome Dele. O rei Davi disse: "A minha alma tem sede do Deus vivo" (Sl 42.2). Isaías proclama: "Com minha alma suspiro de noite por ti e, com o meu espírito dentro de mim, eu te procuro diligentemente..." (Is 26.9).

O APETITE É UM DESEJO INTENSO

O que pode ser mais intenso do que a fome e a sede? Essa é a necessidade mais básica e mais urgente da vida. Victor Frankl em sua milagrosa sobrevivência no campo de concentração nazista disse que o principal assunto dos prisioneiros nas noites geladas e cheias de inquietação e medo não era sobre liberdade, riqueza, política, mas sobre comida. Na ânsia da sobrevivência, alguns prisioneiros chegaram a ponto de comer carne humana.

Não basta ter fome, é preciso estar morrendo de fome para que a busca do pão seja a mais urgente prioridade da nossa vida. Enquanto o filho pródigo estava com fome, foi buscar as alfarrobas dos porcos, mas quando estava morrendo de fome, buscou a Casa do Pai e ali encontrou pão com fartura. Oh, que Deus nos mande uma fome assim de justiça! O profeta Amós bradou: "Eis que vêm dias, diz o Senhor Deus, em que enviarei fome sobre a terra, não de pão, nem sede de água, mas de ouvir as palavras do Senhor" (Am 8.11). Que o desejo de ter uma vida certa com Deus seja como uma sede desesperadora em nosso coração. Oh!, que possamos dizer como Davi: "Ó Deus, tu és o meu Deus forte; eu te busco ansiosamente; a minha alma tem sede de ti; meu corpo te almeja, como terra árida, exausta, sem água" (Sl 63.1). Diz ele ainda: "A minha alma anseia pelo Senhor mais do que os guardas pelo romper da manhã" (Sl 130.6).

O APETITE É UM DESEJO INSUBSTITUÍVEL

Se uma pessoa está desesperadamente faminta, não adianta oferecer a ela entretenimento. Uma boa música não pode aplacar a fome alucinante. Colocar pratos de porcelana sobre a mesa, com talheres de prata e taças de cristais, não acalmam um estômago fuzilado pela fome. Nada substitui o pão e a água. Assim, também, nada substitui Deus para a alma daquele que tem fome e sede de justiça. Nada substitui a salvação em Cristo. As oferendas do mundo não podem satisfazer um coração sedento de Deus.

Salomão buscou a felicidade no fundo de uma garrafa. Entregou-se à bebida, buscando nela o preenchimento do seu vazio. Mas descobriu que no fundo da garrafa não estava o prazer, mas o desgosto; não a liberdade, mas a escravidão. Então, Salomão mudou o rumo da sua busca e tentou encontrar a felicidade no dinheiro. Tornou-se rico e opulento. Amealhou riquezas e acumulou muitos bens. Mas o dinheiro também não o satisfez. Isso também era vaidade. Frustrado, Salomão buscou a felicidade nos prazeres do sexo. Teve mil mulheres, setecentas princesas e trezentas concubinas. Mas as conquistas e aventuras sexuais só lhe trouxeram decepção. Então, finalmente, ele buscou a felicidade no sucesso. Tornou-se um homem famoso, mundialmente conhecido pela sua cultura, riqueza e empreendimentos. Mas ao chegar ao topo dessa pirâmide, descobriu que lá não estava a felicidade. Tudo era vaidade, bolha de sabão (Ec 2.1-11). Só quando ele se voltou para Deus é que encontrou o significado da vida (Ec 12.13).

Jesus fala que bem-aventurado é aquele que tem fome e sede de justiça e não aquele que tem fome e sede de uma dezena de coisas. Precisamos ser específicos em nosso apetite. Precisamos ter fome e sede de justiça! Precisamos ter fome de Deus e não de coisas. Precisamos ter fome das iguarias de Deus e não das alfarrobas do mundo.

AS BÊNÇÃOS DESTINADAS AOS QUE TÊM APETITE ESPIRITUAL

Duas bênçãos são destinadas aos que têm fome e sede de justiça: Eles são saciados e felizes. A palavra que Jesus usou para bem-aventurados é *makarios*. Refere-se ao mais elevado bem-estar possível para o ser humano. Era o texto que os gregos usavam para exprimir o tipo de existência feliz dos deuses.[17] Jesus é o pão da vida e não um alimento ilusório. Ele é fonte da água da vida e não uma fonte de águas amargas. O diabo, porém, é um embusteiro e o pecado uma fraude. O diabo promete liberdade e escraviza. Promete prazer e dá desgosto. Promete vida e paga com a morte. Mas Jesus oferece vida plena, abundante e maiúscula para todos aqueles que têm fome e sede de justiça.

Ser cristão é abraçar uma proposta de prazer. Prazer absoluto e superlativo. John Piper diz que o nosso problema não é a busca do prazer, mas o contentamento com um prazer inferior. Deus nos criou para experimentarmos o maior de todos os prazeres. O hedonismo cristão é o mais elevado e o mais puro, o único digno de ser perseguido. O maior prazer da vida é glorificar a Deus e usufruí-lo para sempre. Só na presença de Deus existe plenitude de alegria. Só quando temos fome e sede de Deus, é que somos verdadeiramente felizes. A felicidade não está nas coisas, mas em Deus. Ele é a fonte e o conteúdo do mais excelso prazer. Aqueles que

---

[17] Dallas Willard. *A Conspiração Divina*. São Paulo, São Paulo. Editora Mundo Cristão. 2001: p. 144.

sorvem dessa fonte inexaurível, são saciados. Aqueles que se abastecem nessa fonte, bebem com satisfação a água da vida, a felicidade eterna.

Que bênçãos são destinadas aos que têm fome de Deus?

SERÃO SACIADOS COM UMA BÊNÇÃO SINGULAR

Quando uma pessoa tem fome de pão, ela come pão, mas volta a ter o estômago vazio. Quando uma pessoa tem sede, ela bebe água, mas volta a ter as entranhas secas. Mas aquele que tem fome e sede Deus é saciado, embora jamais deixe de continuar ansiando por Deus. Lenski afirma: "Esta fome e esta sede continuam e, na verdade, aumentam no simples ato de saciá-las."[18] John MacArthur Jr. vê esse fato como um grande paradoxo: satisfeito, mas nunca saciado.[19]

Muitas pessoas têm fome de bens materiais, mas ninguém pode satisfazer sua alma com bens materiais. O mais rico dos homens não conseguiu ser tão rico como gostaria de ter sido. Os homens têm procurado satisfazer seus corações com as possessões do mundo: eles compram casas e mais casas, carros e mais carros, fazendas e mais fazendas, cidades e mais cidades, até terem a sensação de que são os únicos donos da terra, mas ninguém conseguiu satisfazer a sua alma com as coisas da terra.

Alexandre, o grande, conquistou todo o mundo da sua época e morreu chorando por não ter mais terras para conquistar. Deus colocou a eternidade no coração do homem

---

[18] R. C. Lenski. *The Interpretation of Matthew's Gospel*. Minneapolis, Augsburg. 1943: p. 189.
[19] John MacArthur Jr., *Op Cit*. p. 109.

e coisas não preenchem esse vazio. Jesus chamou de louco o homem que pensou que poderia alimentar a sua alma com bens materiais (Lc 12.20). Só Jesus satisfaz a nossa alma. Ele mesmo disse: "Eu sou o pão da vida; o que vem a mim jamais terá fome; e o que crê em mim jamais terá sede" (Jo 6.35).

SERÃO SACIADOS COM UMA BÊNÇÃO APROPRIADA

Jesus fala que os que têm fome e sede de justiça serão saciados de justiça. Eles desejam justiça e terão justiça. Eles desejam Deus e terão Deus. Eles desejam um novo coração e terão um novo coração. Eles desejam ser guardados do pecado e serão guardados do pecado. Eles desejam ser perfeitos e serão aperfeiçoados. Eles desejam viver onde o pecado não entrará e serão arrebatados para o céu, onde o pecado jamais entrará.

Jesus está ensinando que os famintos de Deus não serão despedidos vazios nem serão decepcionados. Jesus não faz propaganda enganosa. Ele não usa artifícios nem malabarismos para atrair as pessoas com promessas vazias. O que Ele promete, ele dá. Ele é digno de confiança. Ele promete felicidade e saciedade, alegria e satisfação. Ele promete plenitude e a dá a todos quantos têm fome e sede de justiça. Entretanto, ninguém jamais será satisfeito sem que antes esteja faminto e sedento.

SERÃO SACIADOS COM UMA BÊNÇÃO ABUNDANTE

O que Cristo promete não é apenas uma refeição imediata ou provisória, mas uma satisfação completa e eterna. Aquele que tem fome e sede de justiça será farto agora e na eternidade, na terra e também no céu. Jesus disse: "Aquele, porém, que beber da água que eu lhe der nunca mais terá sede, pelo contrário, a água que eu lhe der será nele uma fonte a jorrar para a vida eterna" (Jo 4.14).

A provisão de Deus é abundante. Quando comemos o pão da vida e bebemos a água da vida, recebemos tudo o que necessitamos para uma vida plena no tempo e na eternidade. Em Cristo, somos completos e perfeitos. Nele, recebemos graça sobre graça. Nele, somos abençoados com todo tipo de bênçãos espirituais. Não apenas nossos pecados são perdoados, mas também somos justificados por Deus mediante a fé. Somos feitos filhos e herdeiros de Deus. Tornamo-nos co-participantes da sua natureza divina. Cristo passa a habitar em nós, garantindo-nos a esperança da glória. O Espírito Santo passa a habitar em nós, como selo e penhor, garantindo-nos o resgate final. Somos guardados por Deus para sempre. Então, receberemos um novo corpo e viveremos no novo céu e na nova terra. Receberemos uma herança incorruptível e gloriosa. Reinaremos com Cristo para sempre e celebraremos por toda a eternidade o Seu glorioso nome.

UM ALERTA FINAL

Se você não tiver fome e sede de Deus agora, meu prezado leitor, você terá fome e sede tarde demais. Agora você pode ser saciado, mas, então, jamais o será. O homem rico morreu e foi para o inferno e em tormento clamou por uma gota d'água e até isso lhe foi negado (Lc 16.24). Aquele que não tiver fome e sede de justiça agora, vai ter sede de misericórdia na eternidade, mas será tarde demais. Aquele que não tiver fome e sede de justiça agora, sofrerá fome e sede para sempre sem jamais ser saciado.

O calor aumenta a sede. Quando as pessoas estiverem queimando no inferno sob o fogo da ira de Deus, esse calor irá aumentar a sua sede por misericórdia, mas nada haverá para saciar essa sede. Mas, se você tiver fome e sede de justiça, você será feliz e saciado agora e eternamente.

Conclusão

Minha ardente expectativa é que este livro seja um estimulante de apetite espiritual para você. Que a fome de Deus atinja o seu interior. Que você corra para o banquete da graça e apressadamente busque a fonte das águas vivas. Não podemos caminhar por este mundo vitoriosamente sem nos apropriarmos de Cristo. Ele é o nosso alimento. Dele vem a nossa força. Mas, cuidado! Podemos perder o apetite comendo guloseimas que nada têm de nutritivo. Esses substitutos artificiais além de aplacar a fome, fazem muito mal à saúde. A Igreja pode entreter-se com os substitutos do verdadeiro alimento do céu e perder o seu apetite de Deus. O resultado é a fraqueza espiritual e a abertura para todo tipo doenças oportunistas. É tempo de amadurecermos. É tempo de buscarmos alimento genuíno que fortaleça a nossa musculatura espiritual e nos prepare para os grandes desafios da vida.

Não podemos agir como crianças que, muitas vezes, preferem o entretenimento ao alimento. Outras vezes, deixam o pão nutritivo da verdade, pelos aperitivos das novidades que são vendidas no mercado da fé. Precisamos voltar a ter fome de Deus. Só Ele nos satisfaz.

Quando a fome de Deus estiver corroendo as nossas entranhas, então, certamente, daremos às costas aos prazeres do mundo e desventuras da vida para regressarmos à Casa do Pai.

Conclusão

Ele nos aguarda. Ele está pronto a nos dar o abraço da reconciliação, o beijo do perdão e celebrar conosco a festa da nossa volta ao lar. A mesa de Deus está posta. Tudo já foi preparado. Você é o convidado. Venha, coma e beba de graça. Jesus é o pão vivo que desceu do céu. Ele é a fonte da água da vida. Sacia a sua alma. Na mesa de Deus há pão com fartura. "Bem aventurado aqueles que têm fome e sede de justiça, porque serão fartos" (Mt 5.6).

Sua opinião é importante para nós.
Por gentileza, envie-nos seus comentários pelo e-mail:

editorial@hagnos.com.br

Visite nosso site:

www.hagnos.com.br